*Andreas Rössler*
Kleine Kirchenkunde

ctb calwer taschenbibliothek 64

Andreas Rössler

# Kleine Kirchenkunde

Ein Wegweiser durch die christlichen Konfessionen
und Sondergemeinschaften

Calwer Verlag Stuttgart

Die Deutsche Bibliothek – CIP-Einheitsaufnahme

**Rössler, Andreas:**
Kleine Kirchenkunde: Ein Wegweiser durch die christlichen Konfessionen und Sondergemeinschaften / Andreas Rössler. – Völlig überarb. und erw. Aufl. – Stuttgart: Calwer Verl., 1997
(Calwer Taschenbibliothek; 64)
Früher u. d.T.: Rössler, Andreas: Positionen, Konfessionen, Denominationen

ISBN 3–7668–3496–7

Völlig überarbeitete und erweiterte Auflage des Buches »Positionen, Konfessionen, Denominationen«.

2. Auflage 1999

Umschlaggestaltung: Karin Sauerbier, Stuttgart
Satz: Karin Klopfer, Calwer Verlag
Druck und Verarbeitung: Gutmann + Co., 74388 Talheim

# Inhalt

# Vorwort

In der hier vorgelegten kleinen Kirchenkunde wird eine Art kirchlicher Landkarte entworfen. Bei einem solchen Gesamtüberblick geht es um Basisinformation. Für weitere Einzelheiten, die den Rahmen eines solchen handlichen Buches sprengen würden, sind die einschlägigen Handbücher und Lexika zu Rate zu ziehen. Die deutschsprachige Landschaft ist am stärksten berücksichtigt. Doch werden auch Konfessionsfamilien und Denominationen aufgeführt, die sich im deutschen Sprachraum kaum oder gar nicht finden.

Sicher bleiben weiße Flecken auf der Landkarte. Die ganze Breite der Spielarten des Christlichen soll aber immerhin angedeutet werden. Auf alle Fälle waren alle jene Konfessionsfamilien zu erfassen, die in »Konfessionellen Weltbünden« oder »Weltweiten christlichen Gemeinschaften« auf Weltebene gesammelt sind.

Die Kapitel 1 bis 3, 7 und 9 beschäftigen sich mit kirchenkundlichen und ökumenischen Grundfragen. Die Kapitel 4 bis 6 und 8 beschreiben die einzelnen Gemeinschaften. Wer das Buch zum Nachschlagen benutzt, mag vom Sachregister ausgehen.

Das Buch ist zuerst 1988 erschienen, unter dem Titel »Positionen – Konfessionen – Denominationen. Eine kleine Kirchenkunde«. Für die Taschenbuchausgabe wurde es überarbeitet, inhaltlich auf den neuesten Stand gebracht und stark erweitert. Die Erstausgabe war aus der hauptamtlichen ökumenischen Arbeit des Verfassers erwachsen. 1992 übernahm der Verfasser eine Aufgabe in der christlichen Publizistik als Chefredakteur des Evangelischen Gemeindeblatts für Württemberg. So sah er sich bei der Überarbeitung der kleinen Kirchenkunde Seite für Seite veranlaßt, danach zu fragen, inwiefern die ökumenische Thematik heutzutage überhaupt interessiert und wie wichtig sie für heutiges Christsein sein könnte.

# 1. Kirchenspaltung – eine Katastrophe?

Die Weltchristenheit umfaßt 1996 etwa ein Drittel der Weltbevölkerung. Das sind bei 5,8 Milliarden Menschen etwa 1,95 Milliarden Christen. Diese sind organisatorisch nicht in einer einzigen Kirche zusammengefaßt. Vielmehr sind sie – je nachdem, wie man die Vielfalt beurteilt – aufgegliedert, zersplittert oder gespalten, und zwar in eine Vielzahl von selbständigen Kirchen, Gemeinschaften, Bewegungen; hinzu kommen solche Gruppen, die vom »Hauptstrom« der Weltchristenheit als Sekten oder, freundlicher formuliert, als »Sondergemeinschaften« beurteilt werden.

*Gefahren und Gelegenheiten*

Im Verlauf der Kirchengeschichte kam es mehrmals zu tiefgreifenden Kirchenspaltungen: in den Jahren 431 und 451 zwischen der »katholischen« Kirche und den »altorientalischen« Kirchen; im Jahr 1054 zwischen der abendländischen katholischen Kirche und den östlichen orthodoxen Kirchen; im 16. Jahrhundert innerhalb der abendländischen Kirche zwischen der römisch-katholischen und den reformatorischen Kirchen.

Sind diese Kirchenspaltungen eine Katastrophe? So denken manche Christen, die sich nach einer »Wiedervereinigung« der getrennten Kirchen sehnen. Schmälert die Aufsplitterung in verschiedene Kirchen nicht die Glaubwürdigkeit der christlichen Botschaft? Das ist dann der Fall, wenn man sich gegenseitig die christliche Existenzberechtigung abspricht, die Angehörigen anderer Kirchen rundweg für Irrgläubige erklärt und für die eigene Kirche einen Absolutheitsanspruch erhebt.

Unglaubwürdig sind die Kirchen gewesen, soweit sie blutige Religionskriege geschürt haben, denn damit haben sie der Botschaft von der Liebe Gottes ins Gesicht geschlagen. Unglaubwürdig gemacht haben sich Kirchenführer und Christen, indem sie Angehörige anderer Kirchen oder »Abweichler« in den eigenen Reihen verfolgt, unterdrückt oder umgebracht haben.

Den Kirchenspaltungen kann man sich aber auch in einer ganz anderen Betrachtungsweise annähern: Wenn nebeneinander verschiedene Kirchen um die Gunst der Leute ringen, werden sich alle diese Kirchen mehr Mühe geben, attraktiv zu sein und den Menschen etwas zu bieten. »Konkurrenz belebt das Geschäft«, heißt eine alte wirtschaftliche Regel. Auf dem freien Markt werden etwa verschiedene Automarken und verschiedene Weinsorten angeboten. Jede Firma bemüht sich, durch Qualität und Preisgestaltung mehr Käufer zu finden als die anderen Firmen. Für die Kunden ist das nur von Vorteil. Wenn mehrere Kirchen ihr »Produkt« anbieten, müssen sie sich nach der Decke strecken und sich um Gediegenheit bemühen. Hat an einem Ort, in einer Region, in einem Land eine einzige Kirche das religiöse Monopol, dann kann sie es sich scheinbar eher leisten, die Weitergabe des Evangeliums auf die leichte Schulter zu nehmen.

Die Vielzahl der Kirchen ist allerdings nicht mit einer Vielzahl von Produkten derselben Sorte zu vergleichen. Es ist nicht so wie bei einer Kollektion von Hüten, wo es außer der Geldfrage auch eine Geschmackssache ist, für welchen Hut man sich dann entscheidet. In der Religion geht es zuallererst um Wahrheit. Die christlichen Kirchen wollen oder sollen das »Wort der Wahrheit« ausrichten. Es kann der Fall eintreten, daß eine Kirche zu der Auffassung kommt, in einer anderen Kirche sei die Wahrheit teilweise oder erheblich verdunkelt. Man darf aber auch in einem solchen Fall die andere Kirche oder »Sondergemeinschaft« nicht mit Gewalt bekämpfen, sondern muß die Waffen des Geistes, des Wortes, des Argumentes einsetzen (vgl. Epheser 6,11ff.). »Ohne Gewalt, allein mit dem Wort« muß nach dem evangelisch-lutherischen »Augsburger Bekenntnis« von 1530 (Artikel 28) die religiöse Auseinandersetzung geführt werden.

Ideal, also dem Evangelium gemäß, wäre die Vielzahl der christlichen Kirchen im folgenden Fall: Die einzelnen Kirchen sind alle auf die immer größere Wahrheit des Wortes Gottes bezogen und sind sich bewußt, daß sie hinter dieser Wahrheit immer zurückbleiben. Sie wissen um die eigenen Schwächen und um die Stärken der anderen. Sie lernen von den anderen Kirchen und lassen sich von ihnen bereichern. Miteinander sind sie unterwegs, hin zu der Fülle des Christus. So handeln sie im Umgang miteinander nach dem Bibelwort Epheser 4,15: »Laßt uns aber wahrhaftig sein in der Liebe und wachsen in allen Stücken zu dem hin, der das Haupt ist, Christus.« Sie erkennen sich gegenseitig an als Teilkirchen der einen weltweiten Kirche Jesu Christi. Sie gewähren sich gegenseitig Gottesdienstgemeinschaft und damit auch Abendmahlsgemeinschaft. Sie leisten sich gegenseitig Amtshilfe. Es gibt hin und her Gastfreundschaft, nicht nur beim Gottesdienst, sondern etwa auch in der christlichen Unterweisung der Kinder und Jugendlichen in Gemeinde und Schule. Dabei versuchen sie nicht, sich gegenseitig das Wasser abzugraben und den anderen Kirchen Mitglieder abspenstig zu machen.

Wie gesagt, das ist der Idealfall. Darauf strebt die ökumenische Bewegung zu. Wo dieser Idealfall eingetreten ist, der nach dem Neuen Testament der Normalfall sein müßte, dort ist die »Kirchenspaltung« keine Katastrophe, sondern eine Bereicherung.

*Eigenes Profil im Gegenüber zu den anderen*

Nicht wenige Christen, die fest in ihrer katholischen, evangelischen oder orthodoxen Kirche beheimatet sind, halten die herkömmlichen Unterschiede zwischen den Kirchen für zweitrangig. Gibt es heute nichts Dringlicheres, fragen sie, als die alten konfessionellen Verschiedenheiten wachzuhalten? Gehen heute die Unterschiede nicht eher quer durch alle Konfessionen?

Zudem können Meinungsverschiedenheiten besonders hart und unerbittlich in der eigenen Konfession, der eigenen Landeskirche, Diözese oder auch der eigenen Kirchengemeinde aufeinandertreffen. »Evangelikale« und »Ökumeniker« machen sich in evangelischen Gemeinden manchmal das Leben schwer, »Traditionalisten« und »Befreiungstheologen« in katholischen Gemeinden. Treten die Gegensätze zwischen den Konfessionen zurück, dann werden nicht selten um so mehr die Kontroversen zwischen verschiedenen Positionen innerhalb ein und derselben Konfession ausgefochten. Ohne Meinungsverschiedenheiten und Gegensätze scheinen auch Christen nicht leben zu können. Man will sich profilieren. Indem man sich von anderen abhebt, gewinnt man eine eigene Identität.

*Ein einziger »Leib Christi«*

Es gibt aber nur eine einzige Kirche Jesu Christi, im Bild gesprochen: einen einzigen »Leib Christi«. Davon geht das Neue Testament aus (etwa Römer 12,5; 1. Korinther 12,27; Galater 3,28; Epheser 4,4). Das ist auch in den Bekenntnissen der Alten Kirche ausgedrückt. Sie reden von der »heiligen katholischen« (d. h. universalen, weltweiten) »Kirche« oder von der »einen heiligen, katholischen und apostolischen Kirche«.

Aber eben diese eine christliche Kirche gibt es nicht anders als in unterschiedlichen Gestaltungen, in einer Mehrzahl von Kirchen. Manche dieser Kirchen neigen sogar zu der Ansicht, sie selbst – mit ihrem Bestand an verbindlichen Glaubenslehren oder mit ihrer Organisationsform – seien mit dieser einen Kirche Jesu Christi deckungsgleich. Sie können allerdings nicht den Kopf in den Sand stecken, sondern müssen das Vorhandensein anderer Kirchen zur Kenntnis nehmen: Auch diese sind doch »nicht nichts«! Auch in diesen Kirchen gibt es Glauben an Gott und an Jesus Christus! So bleibt ihnen nur noch der Kompromiß übrig, sie selbst seien immerhin die eine christliche Kirche, wie Jesus Christus sie eigentlich gewollt habe. Falls sie für sich allerdings doch einen exklusiven, andere ganz ausschließenden Absolutheitsanspruch erheben, ist das ein Zeichen dafür, daß sie nicht »ökumenisch«, sondern »sektiererisch« eingestellt sind. Solche Glaubensgemeinschaften fallen dann unter die Kategorie der »Sondergemeinschaften«.

*Positionen, Konfessionen, Denominationen*

Die eine Kirche Jesu Christi fächert sich in verschiedene »Konfessionen«, also Bekenntnisgemeinschaften, auf. Sie stimmen in ihrem verbindlichen Glaubensgut nicht vollständig überein. Die kirchlichen Ordnungen und damit die organisatorischen und rechtlichen Strukturen der einzelnen »Kirchentümer« oder Denominationen, der rechtlich selbständigen kirchlichen Gebilde, weichen erheblich voneinander ab. Dazu kommt eine Vielzahl theologischer Positionen innerhalb der einzelnen Konfessionen, die sich aber zum großen Teil auch konfessionsübergreifend bemerkbar machen. Zu denken ist etwa an liberale, konservative, ethisch akzentuierte, mystische, charismatische Positionen.

»Konfessionen«, Bekenntnisgemeinschaften, haben sich aus »Positionen«, aus religiösen, theologischen oder spirituellen Standpunkten entwickelt. Sie gewinnen in »Denominationen«, in selbständigen Kirchengebilden oder Kirchentümern, konkrete Gestalt.

*Familienähnlichkeiten*

Die einen halten dieses innerchristliche Vielerlei für erfrischend abwechslungsreich. Den anderen erscheint es als ein Wirrwarr, und sie fragen, was denn eigentlich das wahrhaft Christliche sei. Woran sollen sie sich als Christen halten? Oder was ist das Christliche, mit dem sie sich als Nichtchristen auseinandersetzen können?

Die Kirchen und Gemeinden, aus denen sich weltweit die eine Kirche Jesu Christi zusammensetzt, stehen aber nicht einfach unverbunden nebeneinander. Es gibt menschliche und theologische Querverbindungen. Hinter aller scheinbaren Zersplitterung, die übrigens in den anderen Weltreligionen auch zu beobachten ist, zeigen sich Konturen einer Vernetzung. Innerhalb der Konfessionen und zwischen ihnen bestehen mannigfache Verwandtschaften, Verknüpfungen und Beziehungen. Dieses ganze Geflecht macht die »Ökumene«, die Weltchristenheit, spannend.

Zwischen den Konfessionen gibt es Familienähnlichkeiten, nähere oder fernere Verwandtschaftsgrade. Das heißt freilich nicht in jedem Fall, daß das Verhältnis zueinander umso herzlicher gestaltet ist, je näher man miteinander verwandt ist. Auch im täglichen Leben sind nahe Verwandte nicht immer besonders gut aufeinander zu sprechen. Trotzdem weicht das nicht zu bestreitende Wirrwarr der Konfessionen, Denominationen und Positionen einer gewissen Übersichtlichkeit, sobald die christlichen Kirchen in einigen »Konfessionsfamilien« zusammengefaßt werden (etwa alt-katholisch, lutherisch, anglikanisch) und diese Konfessionsfamilien wiederum in einigen wenigen »Gruppen von Konfessionsverwandten« zusammengeordnet werden. Es gibt drei hauptsächliche derartige Gruppen von Konfessionsverwandten: die romfreien katholischen Kirchen, die römisch-katholische Kirche und die reformatorischen Kirchen.

*Evangelische Katholizität*

Bei allen theologischen und organisatorischen Unterschieden der verschiedenen christlichen Denomination und bei allen markanten Profilen der einzelnen Konfessionen, Konfessionsfamilien und Gruppen von Konfessionsverwandten ist in der Ökumene, in der Weltchristenheit, zu Recht von einer grundlegenden »Einheit in der Vielfalt« die Rede. Die eine Kirche Jesu Christi erfordert eine Grundgemeinsamkeit. Und religiös suchenden Menschen oder solchen, die sich einfach über das Besondere, das »Wesen des Christentums« informieren wollen, muß das unverwechselbar Christliche deutlich gemacht werden können.

Die christliche, ökumenische Grundgemeinsamkeit ist schon durch die Bibel oder »Heilige Schrift« gegeben. Sie ist die Glaubensquelle, aus der alle Kirchen schöpfen. Zehn Gebote, Psalmen, Evangelien, die Gleichnisse Jesu, Vaterunser, Bergpredigt, Taufbefehl, Abendmahlsberichte: das sind innerhalb der Bibel unbestrittene Schwerpunkte. Auch das Bekenntnis zum dreieinigen Gott und zur Gottessohnschaft Jesu Christi verbindet alle christlichen Kirchen.

Dieser gesamtchristliche Grundkonsens wird auch – mit Theologen wie Nathan Söderblom, Friedrich Heiler, Paul Tillich und Hans Küng – als »evangelische Katholizität« bezeichnet. Zur einen Kirche Jesu Christi in allen verschiedenen Kirchen gehört immer ein »evangelischer Pol«. Evangelisch meint: auf das Evangelium, die frohe Botschaft von Jesus Christus ausgerichtet. Zur Kirche gehört ebenso unverzichtbar ein »katholischer Pol«. Katholisch meint dabei: weltweit, universal, ökumenisch.

# 2. Belebende Vielfalt

Ein Hauptmerkmal der Kirchengeschichte der vergangenen hundert Jahre ist ein wachsendes und großenteils erfolgreiches ökumenisches Bemühen. Auf breiter Basis, von der Kirchengemeinde bis zur Kirchenleitung, vor Ort und in den weltweiten Beziehungen, sind sich die Konfessionen einander nähergekommen.
Wie ein Blick in die weitere Vergangenheit zeigt, ist dies nicht selbstverständlich.

*Unterschiede in der frühen Christenheit*
Der Streit verschiedener Standpunkte zieht sich durch die ganze Christentumsgeschichte. Es ist geschwisterlich, erbittert oder unerbittlich gestritten worden. Das fängt schon in der frühen Christenheit an.

In den ersten Jahrzehnten der Kirchengeschichte gab es noch keine »Konfessionen« im Sinn klar voneinander abgehobener Bekenntnisgemeinschaften mit jeweils besonderen Traditionen und theologischen oder spirituellen Schwerpunkten. Ansätze dazu waren allerdings von Anfang an schon da.

In der Jerusalemer Urgemeinde waren zunächst alle Gemeindemitglieder Judenchristen. Aber die einen stammten aus Palästina, und die anderen hatten ihre Heimat in der hellenistischen Diaspora, etwa in Ägypten oder in Syrien. So unterschied man zwischen den »Hebräern« und den »Hellenisten« (Apostelgeschichte 6–7).

Bald weitete sich in der jungen Christenheit der Unterschied aus. Die einen Gemeinden gingen von der Jerusalemer Urgemeinde als Muttergemeinde aus und missionierten nur unter Juden. Die anderen Gemeinden nahmen von Antiochien ihren Ausgangspunkt und missionierten gleichermaßen unter Juden und unter »Heiden«, wie man die Nicht-Juden nannte.

Umstritten war zwischen den Gemeinden von Jerusalem und Antiochien, ob »Heiden«, die sich zu Jesus Christus bekehrten und getauft werden wollten, erst Juden werden mußten und das jüdische Gesetz zu halten verpflichtet waren, bevor sie in die christliche

Gemeinde aufgenommen wurden. Dahinter standen einige theologische Grundfragen: Bestätigt, vertieft oder ersetzt die Offenbarung Gottes in Jesus Christus das, was in der Geschichte Israels Mose und die Propheten im Namen Gottes verbindlich mitgeteilt haben? Hat Jesus das mosaische Gesetz nur eben gereinigt, vertieft und damit vollendet? Oder werden die Christen durch die Bindung an die Gottesliebe und Nächstenliebe, wie sie Jesus verkündet und vorgelebt hat, frei von überkommenen kultischen und rituellen Vorschriften wie Beschneidung, Speisegebote und Sabbatgestaltung?

Im Apostelkonvent zu Jerusalem im Jahr 48 wurde die Kontroverse in der Weise gelöst, daß beide Seiten einander die christliche Daseinsberechtigung zugestanden. Die Kirchengemeinschaft zwischen den Vertretern beider Positionen wurde bestätigt (Galater 2,1–10; Apostelgeschichte 15,1–29).

Die Einheit der frühen Christenheit wurde besonders durch Parteiungen in den Gemeinden gefährdet. Sie beruhten auf dem Ehrgeiz einiger prominenter Gemeindeglieder oder auf der Engstirnigkeit ihrer Gefolgsleute.[1] »Nicht um Einheit durch Vielheit, sondern um durch menschliche Schwächen verursachte Trennung handelt es sich bei den Parteien in Korinth (1. Korinther 1–4), zumal hier der immer Spaltungen (*schismata* 1. Korinther 1,10) hervorrufende Personenkult (Kephas, Paulus, Apollos) mitspielte und die einheitsschaffende Funktion der Taufe (1. Korinther 12,13; Galater 3,27) nicht respektiert wurde.«[2] Dazu kamen Streitigkeiten aufgrund von sozialen Gegensätzen (1. Korinther 11,17–22).

Ein Streitpunkt bestand in einer damals sehr praktischen Frage: Ist es für Christen zulässig, Fleisch von Tieren zu verzehren, die heidnischen Gottheiten geopfert worden waren? Bei dieser Kontroverse um das »Götzenopferfleisch« (1. Korinther 8; 10,23–33) stand über den besonderen Anlaß hinaus etwas Grundsätzliches auf dem Spiel: Wie frei sind die Christen, das von Gott Geschaffene unbefangen zu gebrauchen? Paulus brachte den Gegensatz von ängstlichem und von befreitem Gewissen auf den Nenner »Schwache und Starke im Glauben« (Römer 14–15,13; 1. Korinther 8; 10,23–33). Für beide Seiten verbindlich war jedenfalls die Liebe, die Rücksicht aufeinander und die Verantwortung füreinander.[3]

Nach der Zerstörung Jerusalems im Jahr 70 führten judenchristliche Gemeinden (»Ebioniten« oder »Nazoräer« genannt) ein von der Großkirche des römischen Reiches getrenntes Leben. Ihr Christusverständnis war »adoptianisch«, das heißt sie betonten das Menschsein Jesu. Der Mensch Jesus sei von Gott zu seinem Sohn adoptiert, also angenommen worden. Sie bestanden bis ums Jahr 635, als die arabischen Muslime in Palästina eindrangen.

*Ein schwerwiegender Streit im frühen Protestantismus*
In den Anfängen der Reformation wurde in mehreren »Abendmahlsstreitigkeiten« darum gerungen, wie die Gegenwart Christi im eucharistischen Brot und Wein zu verstehen sei. Über dieser Frage kam es in den Jahren 1524 bis 1529 zu schweren Auseinandersetzungen zwischen den Reformatoren Martin Luther (1483–1546) und Huldrych Zwingli (1484–1531). Vordergründig standen sich zwei Auffassungen gegenüber: Nach Luther ist Christus in Brot und Wein wahrhaft gegenwärtig, zwar nicht materiell, aber doch als Person. Nach Zwingli wird im Abendmahl mit Brot und Wein an Jesu einmaligen Kreuzestod erinnert und auf den himmlischen Christus hingewiesen. Die unterschiedlichen Vorstellungen waren dabei eher zweitrangig. Für Luther stand auf dem Spiel, ob im Abendmahl wirklich die Sündenvergebung zugeeignet wird und ob Christus auch nach der Himmelfahrt bei uns auf der Erde gegenwärtig ist. Im Marburger Religionsgespräch 1529 kam es wenigstens zu einer begrenzten Verständigung. Im Artikel 14 der »Marburger Artikel« wurde gemeinsam die wirkliche Gegenwart Christi im Abendmahl ausgesagt. Umstritten blieb nur, wie diese Gegenwart Christi in Brot und Wein vorzustellen ist.

*Von den Positionen zu den Konfessionen*
Eine bestimmte theologische Auffassung zu einer einzelnen Frage konnte für eine Gruppe von Christen eine Schlüsselbedeutung bekommen, während die Gesamtkirche weder diese einzelne Frage für so wichtig hielt noch diese besondere theologische Auffassung teilte. Nicht selten entwickelten sich in solchen Fällen aus theologischen Auffassungen und den dahinterliegenden Standpunkten oder Positionen eigenständige Konfessionen (Bekenntnisgemeinschaften) und Denominationen (rechtlich selb-

ständige Glaubensgemeinschaften). Wie sich aus Standpunkten zu wichtigen Einzelfragen und den sich profilierenden Positionen ganze Konfessionen bildeten, sei an einigen Beispielen verdeutlicht:

Nach dem 3. Ökumenischen Konzil zu Ephesus (431) verselbständigten sich die »Nestorianer«. Sie unterschieden streng zwischen der göttlichen und der menschlichen Seite in Jesus Christus, betonten sein volles Menschsein und konnten Maria nur als Mutter Jesu, nicht aber als »Gottesmutter« verstehen.

Nach dem 4. Ökumenischen Konzil zu Chalcedon (451) lösten sich die »Monophysiten« von der Großkirche. Sie konnten die göttliche und die menschliche Seite in Jesus Christus nur in untrennbarer Einheit sehen und verstanden dabei den Menschen Jesus tatsächlich als Gott.

Ab 1180 bildeten die Anhänger des Kaufmanns Petrus Waldus in Südfrankreich und Oberitalien eigene Gemeinden. Die Waldenser, alsbald von der Großkirche zu Ketzern erklärt und blutig verfolgt, bekannten sich zum Ideal evangelischer Armut und zum Grundsatz des allgemeinen Priestertums der Gläubigen.

Die reformatorischen Kirchen verselbständigten sich ab 1520 von der gegen sie vorgehenden päpstlichen Rechtsgewalt. Ihre auf die Bibel gegründete Überzeugung, der Mensch gewinne allein aus Gottes Gnade das Heil und dürfe eben deshalb seines Heils gewiß sein, wurde vom Lehramt des römischen Papstes abgelehnt.

Die alt-katholische Kirche verselbständigte sich ab 1871 von der römisch-katholischen Mutterkirche. Sie konnte nämlich die auf dem 1. Vatikanischen Konzil 1869–1870 verkündeten Dogmen von der Unfehlbarkeit und der letztinstanzlichen rechtlichen Vollmacht des Papstes nicht nachvollziehen.

*Konservative und progressive Grundhaltungen*

Neben Standpunkten zu Einzelfragen des christlichen Glaubens und Handelns finden sich im Christentum konfessionsübergreifende Grundpositionen, Grundhaltungen, Richtungen. Diese kommen dann in den Stellungnahmen und Antworten zu einzelnen dogmatischen und ethischen Fragen zum Zug.

Solche Grundpositionen kommen in den verschiedensten Zwischenstufen, Mischungen und Überschneidungen vor. Sie lassen sich aber auch idealtypisch oder holzschnittartig beschreiben. Danach handelt es sich um eine »konservative«, die Überlieferung bewahrende, und eine »progressive« (fortschrittliche), die Überlieferung neu auslegende Haltung.

Das konservative Spektrum, zu dem im Protestantismus etwa die betont konfessionellen Lutheraner, die Evangelikalen, die Pietisten und die Charismatiker zu rechnen sind, ist zur Mitte hin »gemäßigt konservativ«, also zugleich traditionsbewußt und für neue Einsichten offen. Am Rand ist es »ultra-konservativ«. Das bedeutet in der römisch-katholischen Kirche einen Traditionalismus, der die Dogmen und das Lehramt tabuisiert, und in den reformatorischen Kirchen einen Fundamentalismus, der die Bibel für wörtlich inspiriert hält.

Das progressive Spektrum ist zur Mitte hin »liberal«, also reformfreudig, um Toleranz und Wahrhaftigkeit besonders bemüht. Am Rand ist es »radikal«. Hier wird die Überlieferung bis an die Wurzel gehend verändert.[4] Ein Beispiel dafür ist die »Gott ist tot-Theologie« der Jahre 1965–1980.

Am äußersten Ende des konservativen Spektrums kommt es zu Fanatismus und Gesetzlichkeit, am äußersten Ende des progressiven Spektrums zur Auflösung des christlichen Glaubensgutes.

Auf der dogmatischen Ebene werden je nach der Grundposition »Buchstabe und Geist« (2. Korinther 3,6) der Glaubensüberlieferung verschieden gewichtet. Die konservativen Positionen neigen zu wörtlicher, die progressiven Positionen zu symbolisch-gleichnishafter Deutung der biblischen Texte. Auf der ethischen Ebene werden je nach Grundposition »Bindung und Freiheit« im Blick auf die sittlichen Gebote verschieden gewichtet. Die konservativen Positionen neigen hier zu einer ins einzelne gehenden Festlegung des Verhaltens, während progressive Positionen den Spielraum eigener Auslegung der grundsätzlichen Normen weiter ziehen.

*Orthodoxie, Heterodoxie, Häresie*

Die Kirchen kommen nicht darum herum, die Positionen, die in ihren Reihen vertreten werden, samt der Lehre der anderen Konfessionen zu »qualifizieren«, also zu werten, zu beurteilen. Dabei dürfen sie nicht über einzelne Christen oder ganze Glaubensgemeinschaften zu Gericht sitzen. Doch ist eine Prüfung und eine »Unterscheidung der Geister« (1. Korinther 12,10; 1. Johannes 4,1) notwendig, damit die christliche Botschaft nicht beliebig ausgelegt und möglicherweise verfälscht wird. Das Wort Gottes, das Evangelium muß authentisch weitergeben werden, also so, wie es ursprünglich gemeint ist. Es kann sicher in unterschiedlichen Denkweisen, Bildern und Begriffen ausgedrückt werden. Aber die Wahrheit, wie sie in der Bibel bezeugt ist, darf dabei nicht entstellt werden.

Das evangelisch-lutherische Augsburger Bekenntnis (1530) nennt in Artikel 7 als die beiden Kennzeichen der einen Kirche Jesu Christi, daß »das Evangelium rein gepredigt wird und die heiligen Sakramente laut dem Evangelium gereicht werden«. Die reine Predigt oder reine Lehre (pura doctrina) meint eine »Orthodoxie«, eine Rechtgläubigkeit, in der die christliche Botschaft unverfälscht und unverkürzt laut wird. Der Gegensatz dazu ist die »Häresie«, die Ketzerei oder Irrlehre, welche die christliche Botschaft verzerrt. Die »Sondergemeinschaften« oder (so der polemische Ausdruck) »Sekten« sind in ihrer Glaubenslehre wesentlich von solchen Irrlehren bestimmt.

Dabei können sich Orthodoxie und Häresie auf dogmatische oder ethische Fragen beziehen, auf Zentrales oder Nebensächliches, und sie können sich auf Einzelnes oder auf das Gesamte des Glaubens erstrecken. Und schließlich werden orthodoxe wie häretische Auffassungen je nachdem absichtlich oder unbeabsichtigt vertreten.[5]

Die römisch-katholische Kirche versteht das Lehramt von Papst und Bischöfen als lebendigen Garanten für die Wahrung der Rechtgläubigkeit. Sie beruft sich darauf, daß schon in der Alten Kirche der Bischof die Irrlehre abzuwehren hatte.

Die reformatorischen Kirchen kennen kein exklusives, nur einer bestimmten Gruppe von Geistlichen vorbehaltenes Lehramt, sondern nur ein gegliedertes Lehramt, an dem grundsätzlich alle Christen teilhaben können.[6] Sie halten die Heilige Schrift für den Maßstab, der allen weiteren Formulierungen und Instanzen vorgeordnet und überlegen ist.

Die Ostkirche schließlich, die sich ja selbst als »orthodox« bezeichnet, findet den Maßstab für Orthodoxie und Häresie in der »Heiligen Überlieferung«. Dazu zählt sie die gesamte schriftliche und mündliche

Verkündigung der Apostel. Sie findet diese »Heilige Überlieferung« in den Entscheidungen der sieben Ökumenischen Konzilien aufbewahrt.

Bei der Frage nach Orthodoxie und Häresie wird meistens übersehen, daß sich Rechtgläubigkeit und Irrlehre nicht immer scharf voneinander abtrennen lassen. Es gibt gleitende Übergänge zwischen beiden. Diese Grauzone können wir als »Heterodoxie«[7] oder theologische Eigenwilligkeit bezeichnen.

Einige Beispiele für solche theologische Eigenwilligkeit oder Heterodoxie seien hier kurz aufgezählt: die Lehre von einer »Allversöhnung« oder »Wiederbringung aller Dinge«; die Auffassung, die Welt habe sich aus Gott heraus entwickelt (»Emanation«), sei also selbst in abgestufter Weise göttlich und heilig; eine Auffassung, wonach grundsätzlich, wenn auch nicht in der praktischen Umsetzung, alle Menschen wie Jesus »Gottmenschen« sind; die Zulassung nur von Erwachsenen zur Taufe, bis hin zur Auffassung, eine Kindertaufe sei gar keine gültige Taufe (derartige Meinungen führten in der Reformationszeit zur Bildung eigener Täufergemeinden); eine »pluralistische Theologie der Religionen«, wonach sich möglicherweise in allen Weltreligionen, nicht nur im Christentum, einzigartige, endgültige Offenbarung findet.

Die Heterodoxie erweist sich häufig als besonders fruchtbar. Sie vermittelt nämlich dem theologischen Nachdenken neue Gesichtspunkte. Sie zwingt die kirchliche Lehre dazu, sich selbst zu überprüfen, beweglich zu bleiben und sich weiter zu entwickeln. Die Heterodoxie erinnert die Kirche zugleich an die Vorläufigkeit und Fehlbarkeit unserer Wahrheitserkenntnis.[8] So hat die Heterodoxie einen Platz im Rahmen des christlichen Grundkonsenses, zumindest an dessen Rändern.

Orthodoxie, Heterodoxie und Häresie sind Urteile aus der Sicht des Hauptstroms der Christenheit (»main stream Christianity«), also der ökumenischen Grundübereinstimmung der drei großen »Gruppen von Konfessionsverwandten«. Über die Wahrheit oder Unwahrheit einer religiösen Auffassung ist mit solchen Urteilen noch nicht zu entscheiden. Es ist lediglich festgestellt, ob eine religiöse Auffassung in den Hauptstrom der Christenheit eingebettet ist oder wie weit sie sich von diesem entfernt hat.

*»Einigkeit im Geist«*

Häufig findet sich im Neuen Testament die Mahnung an die Christen der jungen Gemeinden, die Einheit, die in Jesus Christus schon gegeben ist, auch im Umgang miteinander zu wahren. Zu einer organisatorischen Einheit wird dabei nicht aufgerufen, obwohl es schon in der frühen Kirche Gemeinden unterschiedlicher Leitungsstruktur gegeben hat. Mit »Einheit« ist die »Einigkeit im Geist durch das Band des Friedens« (Epheser 4,3) gemeint.

Diese »Einigkeit im Geist« ist eine Vorgabe, ein Geschenk Gottes. Sie läßt sich durch einen organisatorischen Zusammenschluß aller Konfessionen zu einem einzigen Kirchengebilde weder herstellen noch garantieren. Gelebt werden kann sie aber auch zwischen Mitgliedern verschiedener Konfessionen. »Einigkeit im Geist« bedeutet keine Gleichschaltung aller Positionen und Konfessionen zu einer einzigen theologischen Meinung, sondern die Gemeinschaft im Bekenntnis zum dreieinigen Gott. Auf der Grundlage dieses Fundamentalkonsenses haben unterschiedliche Frömmigkeitsformen und theologische Auffassungen ihr Recht, wenn man nur bereit ist, sich anzunehmen, voneinander zu lernen und sich in der Erkenntnis der Wahrheit gegenseitig weiterzuhelfen.

Die Konfessionsfamilien haben unterschiedliche Probleme damit, der Einheit der Kirche Jesu Christi, wie sie in der »Einigkeit im Geist« vorgegeben ist, ihrerseits zu entsprechen.

Die römisch-katholische Kirche neigt dazu, in ihrem weltweit hierarchisch geordneten und geeinten Kirchengebilde die Einheit der Kirche schon verwirklicht zu sehen. Damit wäre die eine Kirche Jesu Christi in einzigartiger Weise in der römisch-katholischen Kirche sichtbar geworden, und die anderen Konfessionen hätten sich samt ihren besonderen geistlichen Schätzen in diese Ordnung einzugliedern.

Die reformatorischen Kirchen dagegen unterscheiden zwischen »sichtbarer« und »verborgener« Kirche. Die verborgene Kirche als die Gemeinschaft der ernsthaft und wahrhaft Glaubenden findet sich in allen sichtbaren Kirchen, ist aber mit deren Mitgliederbestand nicht deckungsgleich. Die »Einheit« gilt in erster Linie von der verborgenen Kirche, ist also ein geistlicher Sachverhalt. Das darf aber kein Grund sein, kirchliche Zersplitterungen als belanglos hinzunehmen.

*Ökumenischer Rat der Kirchen*
Die ökumenische Bewegung, das Bemühen um Verständigung, Zusammenarbeit und Gemeinschaft der verschiedenen christlichen Kirchen und der Christen aller Konfessionen, hat sich vor allem im Ökumenischen Rat der Kirchen (ÖRK) verdichtet.[9] 1993 waren im ÖRK über 350 selbständige Kirchen (Denominationen) aus über 100 Ländern zusammengeschlossen.

Fast alle Konfessionsfamilien sind im ÖRK vertreten. Auf reformatorischer Seite fehlen die Freien Evangelischen Gemeinden, die Siebenten-Tags-Adventisten und die christlichen Unitarier. Vor allem aber fehlt die römisch-katholische Kirche, die mit über 900 Millionen Mitgliedern mehr als doppelt so viele Menschen umfaßt wie der ÖRK mit über 400 Millionen Menschen und zu der etwa die Hälfte aller Christen gehört. Von ihrem Selbstverständnis her, die Kirche zu sein, wie sie Jesus Christus gewollt hat, hat sie es schwer, sich in eine weltweite Dachorganisation als eine unter anderen Kirchen einzufügen. Doch bestehen seit dem Ende des Zweiten Vatikanischen Konzils (1962–1965) zwischen dem ÖRK und der römisch-katholischen Kirche intensive Beziehungen. Die römisch-katholische Kirche richtete 1960 ein »Sekretariat für die Einheit der Christen« ein. Es heißt seit 1989 »Päpstlicher Rat zur Förderung der Einheit der Christen«.

Der 1948 gegründete ÖRK hatte verschiedene Vorstufen: die Weltmissionskonferenz 1910 in Edinburgh unter der Leitung von John Raleigh Mott (1865–1955); die Weltkonferenz für Praktisches Christentum (Life and Work) 1925 in Stockholm, an der Erzbischof Nathan Söderblom (1866–1931) von Uppsala maßgeblich beteiligt war; die Weltkonferenz für Glauben und Kirchenverfassung (Faith and Order) 1927 in Lausanne mit dem amerikanischen anglikanischen Bischof Charles Brent (1862–1929). Es folgten weitere Weltmissionskonferenzen. 1937 tagte die Weltkonferenz für Praktisches Christentum in Oxford, im gleichen Jahr die Weltkonferenz für Glauben und Kirchenverfassung in Edinburgh. 1937 wurde die Gründung des ÖRK beschlossen. Wegen der politischen Krise und des Zweiten Weltkrieges kam es erst 1948 zur Gründung, mit zunächst 137 Mitgliedskirchen.

Der ÖRK trifft sich alle sieben bis acht Jahre zur Vollversammlung: 1948 in Amsterdam (»Die Unordnung der Welt und Gottes Heilsplan«), 1954 in Evanston (»Christus – die Hoffnung der Welt«), 1961 in Neu-Delhi (»Jesus Christus, das Licht der Welt«), 1968 in Uppsala (»Siehe, ich mache alles neu«), 1975 in Nairobi (»Jesus Christus befreit und eint«), 1983 in Vancouver (»Jesus Christus, das Leben der Welt«), 1991 in Canberra (»Komm, Heiliger Geist, erneuere die ganze Schöpfung«), 1998 in Harare/Simbabwe (»Kehrt um zu Gott – seid fröhlich in Hoffnung«).

Generalsekretäre des ÖRK waren 1948–1966 der Niederländer Willem Adolf Visser't Hooft (1900–1985), 1966–1972 der Nordamerikaner Eugene Carson Blake, 1972–1984 Philip Potter aus Jamaika, 1985–1991 der Lateinamerikaner Emilio Castro, ab 1992 der Deutsche Konrad Raiser.

Die programmatische Arbeit des ÖRK vollzieht sich in (seit der Vollversammlung in Canberra 1991) vier Programmeinheiten: 1. Einheit und Erneuerung; 2. Kirchen in Mission: Gesundheit, Bildung, Zeugnis; 3. Gerechtigkeit, Frieden und Schöpfung; 4. Teilen und Dienst. In der Programmeinheit 1 ist die theologische Studienkommission für »Glauben und Kirchenverfassung« (Faith and Order) untergebracht. Etwa ein Zehntel ihrer Mitglieder sind römisch-katholisch. In der Programmeinheit 2 sind unter anderem Mission und Evangelisation angesiedelt. Die Programmeinheit 3 beschäftigt sich mit Fragen im Umkreis des »Konziliaren Prozesses für Gerechtigkeit, Frieden und Bewahrung der Schöpfung«. In der Programmeinheit 4 geht es um ökumenisches Teilen, etwa bei Katastrophenhilfe und Flüchtlingsarbeit.

Der ÖRK umfaßt reformatorische, orthodoxe und alt-orientalische sowie alt-katholische Kirchen. Er ist ein »Rat« von Kirchen, also eine Dachorganisation und keine verbindliche Kirchengemeinschaft mit gegenseitigen dogmatischen, liturgischen und kirchenrechtlichen Verpflichtungen. Gegenüber seinen Mitgliedskirchen hat der ÖRK keine Rechtsgewalt. Er kann ihnen nur Empfehlungen geben. Die einzigen Verpflichtungen, die die Mitgliedskirchen eingehen, sind ein finanzieller Beitrag und die Bejahung der »Basisformel«. Seit der Vollversammlung in Neu-Delhi 1961 hat die Basisformel folgenden Wortlaut: »Der Ökumenische Rat der Kirchen ist eine Gemeinschaft von Kirchen, die den Herrn Jesus Christus gemäß der Heiligen Schrift als Gott und Heiland anerkennen und darum gemeinsam zu erfüllen trachten, wozu sie berufen sind, zur Ehre Gottes, des Vaters, des Sohnes und des Heiligen Geistes.«

Ein Hauptanliegen des ÖRK ist die »Einheit« der Christen. Dabei ist nicht an eine organisatorisch einheitliche »Weltkirche« oder »Überkirche« gedacht, sondern an die Gemeinschaft von selbständigen Kirchen miteinander. Zu dieser Kirchengemeinschaft gehören: 1. das gemeinsame Bekenntnis zum dreieinigen Gott, also die Grundübereinstimmung im Glauben; 2. die Möglichkeit, miteinander Gottesdienst zu feiern, insbesondere in Abendmahlsgemeinschaft, also in gegenseitiger »eucharistischer Gastfreundschaft«, und die gegenseitige Anerkennung der Sakramente; 3. die gegenseitige Anerkennung der Kirchen als legitimer Teilkirchen der einen Kirche Jesu Christi, und damit auch die gegenseitige Anerkennung der geistlichen Ämter; 4. die praktische Zusammenarbeit, auch in ethischen, sozialen und politischen Fragen.

Eine so verstandene Einheit hat nicht den Charakter einer Vereinheitlichung und Einförmigkeit oder gar einer straffen rechtlichen Hierarchie. Vielmehr handelt es sich um eine Gemeinschaft, in der man miteinander auf dem Weg bleibt und zueinander Beziehungen pflegt. Das ist in erster Linie eine »Einigkeit im Geist«. Diese bedarf aber eines sichtbaren Ausdrucks und damit verpflichtender Formen. Das wurde in der »Einheitsformel von Neu-Delhi 1961« festgehalten, einem der maßgeblichen Texte aus der Geschichte des ÖRK:

»Wir glauben, daß die Einheit, die zugleich Gottes Wille und seine Gabe an die Kirche ist, sichtbar gemacht wird, indem alle an jedem Ort, die in Jesus Christus getauft sind und ihn als Herrn und Heiland bekennen, durch den Heiligen Geist in eine völlig verpflichtete Gemeinschaft geführt werden, die sich zu dem einen apostolischen Glauben bekennt, das eine Evangelium verkündet, das eine Brot bricht, sich im gemeinsamen Gebet vereint und ein gemeinsames Leben führt, das sich in Zeugnis und Dienst an alle wendet. Sie sind zugleich vereint mit der gesamten Christenheit an allen Orten und zu allen Zeiten in der Weise, daß Amt und Glieder von allen anerkannt werden und daß alle gemeinsam so handeln und sprechen können, wie es die gegebene Lage im Hinblick auf die Aufgaben erfordert, zu denen Gott sein Volk ruft. Wir glauben, daß wir für solche Einheit beten und arbeiten müssen.«[10]

# 3. Bekenntnisgemeinschaften

Jeder Mensch braucht eine Heimat und eine Familie. Da wird eine bestimmte Sprache gesprochen, und zwar in einer besonderen Färbung, einem Dialekt. Es gibt in der Familie Gebräuche, Einstellungen, Überlieferungen, Erinnerungen. Familiengeschichten werden erzählt. Andere Menschen dürfen und sollen ihre eigene Heimat und ihre eigene Familie haben. Es wäre töricht, die eigene Familie gegen andere Familien als etwas Besseres auszuspielen.

*»Geistliche Familie«*

Seit der Zeit der Alten Kirche wird die christliche Gemeinde oder die Kirche gerne im Bild der »Familie Gottes« (familia Dei) vorgestellt. Dieses Bild vermittelt das Gefühl der Zugehörigkeit und der Zusammengehörigkeit. Die einzelnen Kirchenmitglieder sind in eine vertraute Gemeinschaft eingebunden, in der sie im allgemeinen schon aufgewachsen sind und in der sie sich entwickeln können. Sie wissen sich in dieser Gemeinschaft angenommen, müssen sich von ihr gelegentlich aber auch Kritik gefallen lassen.

Die Konfession, in der ein Christ aufgewachsen ist oder der er sich in eigener Entscheidung angeschlossen hat, ist so eine Art geistliche Familie. Christen, die keiner Konfession angehören, erinnern deshalb an Menschen ohne Heimat und ohne Familie.

*Bekennen und Bekenntnis*

»Konfession« (vom lateinischen »confessio« entlehnt) bedeutet Bekenntnis. Christliches Leben muß immer »konfessorisch« sein, indem sich Christen zu Gott und zum Evangelium von Jesus Christus bekennen und indem sie vor Gott ihre Schuld bekennen.

Dazu kommt der »konfessionelle« Aspekt. In der Reformation des 16. Jahrhunderts legten die evangelischen Gemeinden der Öffentlichkeit ihre »Konfession« vor, in der sie ihr Verständnis des Glaubens zusammenfaßten: etwa die lutherische »Confessio Augustana« (1530) oder die reformierte »Confessio Helvetica« (1566). Die Gemeinden, die sich zur jeweiligen Confessio hielten, waren die »Religionsverwandten« oder »Konfessionsverwandten«[11]. So bezeichnet »Konfession« eine Glaubensgemeinschaft, die auf ein Bekenntnis oder auf mehrere Bekenntnisse oder einfach auf eine Reihe verbindlicher Glaubensgrundsätze festgelegt ist. »Konfession« besagt dann: Eine Glaubensgemeinschaft ist immer eine Bekenntnisgemeinschaft.

Manche liberale Strömungen innerhalb des Protestantismus haben sich für ein »dogmenloses« oder »dogmenfreies« Christentum eingesetzt. Das kann aber eigentlich nur zweierlei bedeuten: die überlieferten Bekenntnisse oder »Dogmen« (also die verbindlichen Glaubenssätze) so auszulegen, daß ihr bleibender Grundgehalt von den Vorstellungen ihrer Entstehungszeit, in die sie eingekleidet sind, unterschieden wird; und sich diesen Grundgehalt so anzueignen, daß das eigene Wahrheitsbewußtsein dabei nicht verletzt wird. Im übrigen bekennen sich auch christliche Gemeinschaften, die sich die Freiheit des Denkens auf ihre Fahnen geschrieben haben, zu gewissen religiösen Grundprinzipien oder Glaubensgrundsätzen (englisch: statements of faith). Alles andere ist eine Selbsttäuschung. Das läßt sich auch an nichtchristlichen Religionsgemeinschaften beobachten, sogar an solchen, die wie die Freireligiösen oder die nichtchristlichen Unitarier die Religionsfreiheit, die Toleranz und die Mündigkeit jedes einzelnen zum religiösen Grundprogramm erhoben haben. Auch sie kommen nämlich nicht ohne Grundsätze aus, die für ihre Gemeinschaft verbindlich sind.

Der Unterschied zwischen einer »konservativen« und einer »progressiven« Grundhaltung zeigt sich nicht zuletzt an dem Verhältnis zu dem verbindlichen Bekenntnis. Die Konservativen halten sich streng, häufig wortwörtlich, an das Bekenntnis, auf alle Fälle an die Bibel. Die Progressiven gehen mit dem verbindlichen Bekenntnis, auch mit dem Wortlaut der Bibel, freier um. Sie deuten die verbindlichen Glaubensquellen im allgemeinen symbolisch-gleichnishaft.

In dem »Hauptstrom der Gesamtchristenheit« hat sich ein Grundbestand von Dogmen und Bekenntnissen herausgebildet. Es handelt sich hier in erster Linie um die Lehrentscheidungen der ersten vier Ökumenischen Konzilien, darunter hauptsächlich das Bekenntnis zur Dreieinigkeit Gottes und zu Jesus Christus als »wahrem Gott und wahrem Menschen«. Alle Kirchen der Ökumene verbindet das Nicänische Glaubensbekenntnis. Die abendländische (westliche) Christenheit verbindet außerdem das Apostolische Glaubensbekenntnis, das auch die Ostkirchen dem Inhalt nach bejahen, aber aus Gründen ihrer Tradition selbst nicht gebrauchen.

Die Konfessionen der abendländischen Christenheit eignen sich den gesamtchristlichen Glaubensbestand häufig dadurch an und aktualisieren ihn, daß sie zusätzliche Bekenntnisse aufgestellt haben. Das sind dann ihre Sondertraditionen und »Unterscheidungslehren«. Mit ihnen hebt sich eine Konfession einerseits von anderen Konfessionen oder Bekenntnisgemeinschaften ab. Andererseits erhebt sie dabei auch einen gesamtchristlichen Wahrheitsanspruch und fordert die anderen Konfessionen heraus, dazu Stellung zu nehmen. Die Bezeichnung »Konfession« in diesem Sinn setzte sich im 19. Jahrhundert durch.

*Drei christliche Konfessionsblöcke*

Die Angehörigen des »Leibes Christi«, des neuen »Volkes Gottes« verstehen sich als »Kinder Gottes«. Als solche gehören sie zur großen, weltweiten »Familie Gottes«.

Innerhalb einer Familie bestehen unterschiedliche Verwandtschaftsbeziehungen: Eltern, Kinder, Enkel; Tanten und Onkel; Nichten und Neffen; Cousinen und Vettern; Schwägerinnen und Schwäger, und so fort. Indem sich neue Kleinfamilien bilden, setzen sich zwischen der einen und der anderen Kleinfamilie Verwandtschaftsbeziehungen fort.

So stehen die einzelnen christlichen Konfessionen oder Konfessionskirchen in unterschiedlicher verwandtschaftlicher Nähe oder Ferne zueinander. In der Christenheit lassen sich, wie schon erwähnt, in einer Art Grobgliederung drei Konfessionsblöcke unterscheiden, drei »Gruppen von Konfessionsverwandten«. Innerhalb dieser drei Gruppen gibt es »Konfessionsfamilien«[12] im engeren Sinn. Sie sind durch Sondertraditionen oder Unterscheidungslehren miteinander verbunden.

Gehen wir der geschichtlichen Entwicklung entlang, so bilden die orthodoxen und die altorientalischen Kirchen die erste »Gruppe von Konfessionsverwandten«. Sie haben am ehesten die altkirchliche Struktur bewahrt: bischöfliche Verfassung, aber ohne Rechtsgewalt des Bischofs von Rom über alle Diözesen. Diese Kirchen der morgenländischen, östlichen Tradition bilden zusammen mit der alt-katholischen Kirche die Gruppe der »romfreien katholischen Kirchen«.

Allerdings läßt sich die alt-katholische Kirche nur sehr bedingt mit den orthodoxen und altorientalischen Kirchen zu einer »Gruppe von Konfessionsverwandten« zusammenfassen. Die alt-katholische Kirche ist nämlich auf dem Boden der abendländischen Tradition gewachsen und vertritt eher einen freiheitlichen, offenen Katholizismus. Sie ist mit der anglikanischen Kirche, also einer reformatorischen Konfessionsfamilie, in »Kirchengemeinschaft« verbunden. In der alt-katholischen Kirche überschneiden sich alle drei »Gruppen von Konfessionsverwandten«. Sie verkörpert damit das Ideal einer »evangelischen Katholizität«.

Als zweiter Block ist die römisch-katholische Kirche zu nennen. Sie hat die hierarchische Gliederung und päpstliche Leitung, wie sie sich im Mittelalter herausgebildet hat, festgehalten und fortgeschrieben. Lehrmäßig und rechtlich ist sie eine weltweite Einheit.[13] Doch kann auch bei ihr von einer »Gruppe von Konfessionsverwandten« gesprochen werden, da auch die mit Rom unierten Kirchen des orthodoxen und des altorientalischen Ritus zu berücksichtigen sind. Sofern traditionalistische Splitterkirchen wie die 1988 abgespaltene »Priesterbruderschaft St. Pius X.« von Erzbischof Marcel Lefebvre (1905–1991)[14] mehr sind als Eintagsfliegen, gehören auch sie in diesen konfessionellen Block. Sie lehnen zwar die Leitung des Papstes ab, aber nicht weil sie meinen, eine solche oberste Leitung der Gesamtkirche sei überflüssig. Sie meinen im Gegenteil, die gegenwärtigen Päpste kämen ihrer Leitungsaufgabe nicht richtig nach. Sie sind also »päpstlicher als der Papst«.

Den dritten Block von Konfessionsverwandten bilden die reformatorischen Kirchen. Dies sind die Konfessionsfamilien, die sich in der Reformation des 16. Jahrhunderts verselbständigt haben, samt einigen schon im Mittelalter entstandenen und etlichen später aus den Reformationskirchen hervorgegangenen Gemeinschaften.[15]

### *Stammbaum der Konfessionen*

Familienbeziehungen lassen sich durch Stammbäume aufzeigen. Das gilt auch für die christlichen Konfessionen. Aus Mutterkirchen sind Tochterkirchen entstanden. Das konnte mit einer Reformbewegung in der Mutterkirche beginnen, häufig mit einer Position zu einer Einzelfrage, die das Gewicht eines »status confessionis«, einer Bekenntnissituation bekam. Daraus folgte ein Schisma, eine Kirchenspaltung, samt der Exkommunikation, der Aufhebung der gottesdienstlichen und sakramentalen Gemeinschaft. Beispiele dafür sind die altorientalischen Kirchen der Nestorianer und der Monophysiten im 5. Jahrhundert.

Es gibt auch den Fall, daß sich die Mutterkirche in zwei Hälften auseinandergespalten hat. Ein Beispiel dafür ist das Schisma 1054 zwischen Westkirche und Ostkirche.

Während römisch-katholischerseits der Stammbaum gerne so gezeichnet wird, daß die römisch-katholische Kirche den Stamm bildet und alle anderen Kirchen als Äste aus diesem Stamm hervorgegangen sind, sieht der Stammbaum evangelischerseits etwa folgendermaßen aus: Aus dem Stamm der Alten Kirche haben sich im ersten Jahrtausend einige Kirchen abgezweigt, insbesondere die altorientalischen Kirchen im 5. Jahrhundert. Im 11. Jahrhundert hat sich der Hauptstamm in einen Doppelstamm aufgespalten, nämlich die Ostkirche und die abendländische katholische Kirche. Der letztere Stamm hat sich im 16. Jahrhundert in einen römisch-katholischen Ast und verschiedene reformatorische Äste aufgegabelt. Bei den reformatorischen Kirchen gab es dann im Lauf der nächsten Jahrhunderte weitere Verzweigungen.

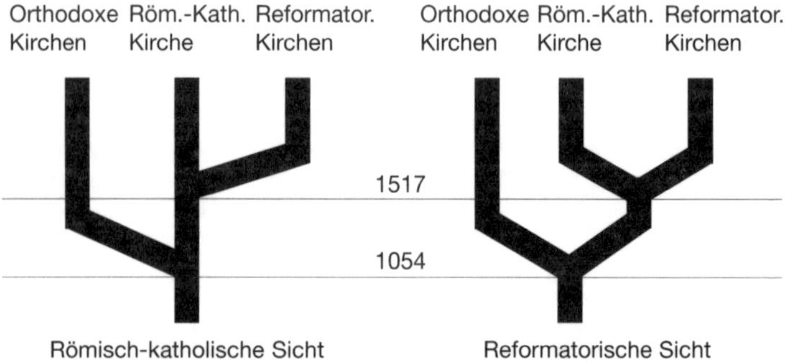


Unterschiedliche Stammbäume des Christentums[16]

*Konfessioneller Grundentscheid*

Bei der Beschreibung der »Gruppen von Konfessionsverwandten« und der Konfessionsfamilien in den folgenden Kapiteln wird davon ausgegangen, daß die Konfessionen jeweils von einem Grundprinzip geleitet werden, von einer bestimmten Wahrheitsperspektive, von einem Gesamtverständnis des Glaubens, einem konfessionellen »Grundentscheid«. Dieser Grundentscheid mag sich deutlich von anderen Konfessionen abheben. Oder es mag das Bewußtsein vorherrschen, daß sich verschiedene Grundentscheide weitgehend überschneiden. Die verschiedenen Konfessionen sind Varianten des gemeinsamen christlichen Glaubens. Dabei muß es sich bei den Konfessionen also nicht von vornherein um Gegensätze handeln, die sich ausschließen.

*»Formalprinzip« und »Materialprinzip« der Konfessionen*

Alle Konfessionen haben eine gemeinsame Basis, von der sie ausgehen und auf die sie sich beziehen, nämlich die Offenbarung Gottes in Jesus Christus. Der verborgene, alles menschliche Begreifen sprengende Gott bleibt nicht unzugänglich. Er läßt sein Wort an uns ergehen. In Jesus von Nazareth hat er sich eindeutig und dabei einzigartig und endgültig bekannt gemacht. Darin begegnet uns das Heil.

Die Wege der Konfessionen gehen bei zwei Fragen auseinander, auch wenn sie sich dann immer wieder überschneiden mögen. Erstens: Wer oder was vermittelt uns heute in erster Linie die Gottesoffenbarung in Jesus Christus? Das ist die Frage nach der Vermittlungsinstanz, dem »Formalprinzip« der Konfessionen.

Zweitens: Was ist die Heilsgabe? Worin besteht sie? Wie ist das neue Verhältnis des Menschen zu Gott zu beschreiben? Das ist die Frage nach dem Charakter des Heils, dem »Materialprinzip« der Konfessionen.[17]

# 4. Romfreie katholische Kirchen

»Romfreie katholische Kirchen« sind Kirchen eines katholischen Typs, die nicht der Leitung des Papstes zu Rom unterstehen. Dazu gehören die orthodoxen Kirchen, die altorientalischen Kirchen und die altkatholische Kirche. Sie bejahen grundsätzlich ein gesamtchristliches »Petrusamt«, aber nur im Sinn eines Ehrenprimats, also einer »moralischen« Autorität, nicht im Sinn einer rechtlichen Oberaufsicht und einer höchsten Lehrautorität. Der Träger eines Ehrenprimats kann nicht anordnen, was andere zu glauben und zu tun haben. Er gibt Impulse, die Beachtung verdienen, aber ohne Überzeugungskraft nicht verbindlich sein können.

Die romfreien katholischen Kirchen berufen sich für ihre Glaubenslehre und Kirchenordnung auf die Alte Kirche.

Im Unterschied zur römisch-katholischen Kirche sind in den romfreien katholischen Kirchen die Priester nicht zum Zölibat, zur Ehelosigkeit verpflichtet. In den Ostkirchen gibt es hier allerdings eine besondere Regelung, die auf die Alte Kirche zurückgeht: Die Bischöfe kommen aus dem zölibatären Mönchsstand. Priester dürfen nur verheiratet sein, sofern sie ihre Ehe vor der Priesterweihe eingegangen sind, und nach dem Tod der Ehefrau dürfen sie keine neue Ehe schließen.

In den ersten vier Jahrhunderten erhoben die Bischöfe von Rom noch keinen Anspruch auf Rechtsgewalt über die gesamte Kirche. Das begann erst mit Papst Leo I. (440–461), wurde aber nicht allgemein anerkannt. Die sieben Ökumenischen Konzilien, die für die orthodoxe Kirche maßgebend sind, gehen ab dem zweiten Ökumenischen Konzil (381 in Konstantinopel) von dem Ehrenprimat des Bischofs von Rom und des Patriarchen von Konstantinopel aus.[18]

Da sich die altorientalischen Kirchen nach dem dritten und vierten Ökumenischen Konzil (431 in Ephesus, 451 in Chalcedon) verselbständigt haben, sind für sie in der Theorie nur die ersten zwei (325 in Nicäa, 381 in Konstantinopel) oder drei Ökumenischen Konzilien maßgebend. In Wirklichkeit stehen sie in Lehre, Verfassung und Praxis der orthodoxen Kirche sehr nahe.

Alle romfreien katholischen Kirchen teilen mit der römisch-katholischen Kirche die bischöfliche Ordnung im Sinne der bei Bischof Irenäus von Lyon (140–200) schon ausgeführten Lehre von der »apostolischen Sukzession« (Amtsnachfolge) der Bischöfe. Nach dieser Theorie hängt die Berechtigung jedes einzelnen Bischofs daran, daß er in einer lückenlosen Kette bischöflicher Amtsweitergabe steht, die bis auf die Apostel zurückgeht.[19] Eine gültige Priesterweihe kann nur von einem Bischof vorgenommen werden, der in dieser »apostolischen Sukzession« steht.

Daß die orthodoxe, die altorientalische und auch die alt-katholische Konfessionsfamilie zum »katholischen Kirchentyp« gehören, zeigt sich auch in der sonntäglichen Eucharistiefeier, deren Leitung dem geweihten Priester vorbehalten ist, und in den sieben Sakramenten.

Bis heute haben die drei romfreien katholischen Konfessionsfamilien untereinander noch keine Kirchengemeinschaft in Form von gottesdienstlicher Gemeinschaft. Doch sind die orthodoxe und die monophysitischen altorientalischen Kirchen diesem Ziel schon recht nahe gekommen. Zwischen den orthodoxen und den monophysitischen altorientalischen Kirchen kam es 1990 zu einer Übereinkunft in der Christologie[20]. 1993 stellte eine gemeinsame Kommission des Ökumenischen Patriarchats von Konstantinopel und der orientalisch-orthodoxen Nationalkirchen fest, daß einer Kirchengemeinschaft beider Konfessionsfamilien eigentlich nichts mehr im Weg stehe.[21]

Schwieriger gestaltet sich das Verhältnis zwischen orthodoxen und alt-katholischen Kirchen, nachdem die alt-katholische Kirche grundsätzlich das Diakonat von Frauen bejaht und die alt-katholische Kirche Deutschlands seit 1996 Priesterinnen weiht, 1998 gefolgt von der Altkatholischen Kirche Österreichs und der Niederlande. Übrigens besteht auch nicht zwischen allen orthodoxen Kirchen eine ungetrübte Kirchengemeinschaft. Aus politischen oder nationalen Gründen kommt es hier und dort zu Spaltungen, so nach dem Zerbruch der Sowjetunion 1991 etwa in der Ukraine.

## *4.1 Orthodoxe Kirchen*

Nach dem überfüllten Gottesdienst in einer Kathedrale in der ehemaligen Sowjetunion wurde der zelebrierende Bischof von Besuchern aus dem Westen gefragt, woran er erkennen könne, ob die vielen jungen Leute, die in diesem Gottesdienst zu sehen waren, Gläubige sind oder nur Neugierige, oder vielleicht bloß Musikliebhaber, die einfach wegen der Chormusik gekommen waren. Der Bischof antwortete: »Die Gläubigen erkennt man daran, daß sie sich bekreuzigen.«

*Bekreuzigen – Das »Kleine Glaubensbekenntnis«*
Das Kreuzzeichen wird das »Kleine Glaubensbekenntnis« genannt. Die drei ersten Finger der rechten Hand werden zusammengefaltet, die letzten beiden Finger werden zur Handfläche gedrückt. Als ob man ein großes Kreuz auf den Körper zeichnen wollte, werden nacheinander Stirn, Brust, rechte und linke Schulter berührt. Die drei zusammengefalteten Finger bezeichnen den Glauben an den dreieinigen Gott; die beiden zur Handfläche gedrückten Finger das Bekenntnis zur göttlichen und menschlichen Natur Christi; das gezeichnete Kreuz das Bekenntnis »zu Christus, der für uns gekreuzigt wurde und dadurch den Tod und die Dämonen besiegt hat«[22].

*Kerzen*
Wie wichtig für die orthodoxen Christen Haltungen, Gesten und Zeichenhandlungen sind, zeigt sich beim Betreten eines orthodoxen Gotteshauses an den Kerzen, die an mehreren Plätzen aufgestellt sind. Kein Gottesdienst darf ohne brennende Kerzen vollzogen werden. Wer in der Kirche eine Kerze kauft und entzündet, spendet sie zur Ehre Gottes, der Gottesmutter oder der Heiligen. Die Kerzen sind »das Sinnbild des leuchtenden Glaubens und der warmen und strahlenden Liebe, sowie des ewigen Lebens«[23].

*Ikonen*
Dem Besucher des orthodoxen Gotteshauses fallen besonders die Ikonen auf: Darstellungen Christi, der Gottesmutter, der Engel, Apostel,

Propheten, Patriarchen und Heiligen. Zwischen dem Kirchenschiff und dem Altarraum ist die Ikonostase (Bilderwand) hochgezogen, mit drei Türen. Die »Königliche« oder »Heilige Pforte«, wie die mittlere Tür genannt wird, führt zum mittleren Teil des Altarraumes. Dort steht der »heilige Tisch«, der Altar. Die Gliederung des Kirchenraums in Vorhalle, Kirchenschiff und Altarraum (das »Allerheiligste«) entspricht der Dreiteilung des salomonischen Tempels.

Die Ikonen sind auf der Ikonostase nach einem bestimmten Schema angeordnet. Rechts von der Königlichen Pforte findet sich eine Ikone Christi, links eine Ikone Mariens. Auf den beiden Seitentüren sind Engel dargestellt, über der Königlichen Pforte das Letzte Abendmahl Jesu mit seinen Jüngern. Darüber sind in waagerechter Anordnung Ikonenreihen angebracht, und zwar von unten nach oben das Jüngste Gericht, Szenen aus dem Leben Jesu und Marias, oder die liturgischen Feste, die Propheten und die Patriarchen des Alten Testaments.

Auch sonst ist der Kirchenraum reich an Ikonen. Oben in der Kuppel der Kirche wölbt sich eine Ikone des Pantokrators, des das All beherrschenden Christus. Vor der Ikonostase steht ein Pult mit der Ikone des Kirchenfestes oder des Heiligen des betreffenden Tages. Die Gläubigen küssen diese Ikone, verneigen sich vor ihr und bekreuzigen sich dabei. Daheim hat eine orthodoxe Familie geweihte Ikonen aufgestellt oder an der Wand hängen.

In der Ikone wird das Dargestellte durchsichtig. Die heilige Wirklichkeit, die nach fester Vorlage und in einem bestimmten rituellen Ablauf abgebildet worden ist, vergegenwärtigt sich selbst. So ist das Himmlische im Irdischen gegenwärtig, und das Irdische bekommt teil am Himmlischen. Urbild aller Ikonen ist Christus selbst als »der Abglanz« von Gottes »Herrlichkeit und das Ebenbild (die Ikone) seines Wesens« (Hebräer 1,3).

Für die orthodoxe Kirche ist das siebte Ökumenische Konzil (787 in Nicäa) von besonderer Bedeutung. Hier wurde nämlich der jahrzehntelange Bilderstreit endgültig zugunsten der Ikonenverehrung entschieden. Auf der von den westlichen Kirchen nicht mitgetragenen Synode von Konstantinopel 843 wurde die Bilderverehrung gegen die Bilderstürmer (die »Ikonoklasten«) erneut bestätigt. Seitdem bezeichnet sich die Ostkirche als »orthodoxe Kirche«. Am ersten Fastensonntag in der vorösterlichen Zeit wird in Erinnerung daran das »Fest der Orthodoxie« gefeiert.[24]

*Gebärden, Handlungen, Symbole*

Kreuzzeichen, Kerzen und Ikonen gehören zu der Vielfalt der Gebärden, Handlungen und Symbole, in denen sich das göttliche Geheimnis vergegenwärtigt. Zu nennen sind ferner Weihwasser und Weihrauch; liturgische Gefäße und Geräte; das geweihte Kreuz, das alle orthodoxen Christen vom Augenblick der Taufe an ihr Leben lang an einer Kette oder Schnur unmittelbar auf der Brust zu tragen haben[25]; das Fasten ab Mitternacht vor dem Kommunionempfang; die vier Fastenzeiten im Kirchenjahr[26]; die liturgisch hervorgehobene Gliederung des Kirchenjahres.

Der Priester verteilt während der »Proskomidie«, dem Eingangsteil des eucharistischen Gottesdienstes, im Altarraum die Brotteilchen auf der Opferschale. Auf dem »Diskos«, dem Teller, liegt in der oberen Mitte das viereckige Brotteil, das Christus als das Lamm (»Agnus«) Gottes darstellt. Daneben und darunter gruppieren sich dreieckige Brotstückchen: links eines zur Ehre der Gottesmutter; rechts neun zur Ehre der Heiligen; darunter ein Stückchen für die kirchliche und (sofern christlich) die weltliche Obrigkeit; darunter mehrere Stückchen für einige Lebende, darunter für einige Verstorbene, derer gedacht werden soll.[27]

*Gottesdienst*

Alle diese Gebärden, Gegenstände und Handlungen haben mit dem Gottesdienst zu tun. Das gilt im besonderen auch für die sieben Sakramente: Taufe, Firmung, Buße, Eucharistie, Ehe, Krankenölung, Priesterweihe. Entweder finden sie im Gottesdienst statt oder sie weiten den Gottesdienst in den Alltag hinein aus. Damit sind wir bei der zentralen Bedeutung des Gottesdienstes für die orthodoxe Kirche.

Im orthodoxen Gottesdienst werden alle fünf Sinne beansprucht. Es gibt etwas zu sehen, etwa die Priester und Diakone mit ihren liturgischen Gewändern beim mehrmahligen Ein- und Auszug. Es gibt etwas zu hören, nämlich die Chöre, ohne die der Gottesdienst nicht möglich ist und die ohne Instrumentalbegleitung Gebete, Hymnen und

Responsorien singen. Es gibt etwas zu riechen, nämlich Kerzenduft und Weihrauch. Es gibt etwas zu spüren, indem der ganze Gottesdienst, der mindestens zwei Stunden dauert, stehend gefeiert wird. Es gibt etwas zu schmecken, indem jeder Gottesdienstbesucher am Ende beim Ausgang das »Antidoron«, das gesegnete Brot, bekommt.

Gibt es auch etwas zu verstehen? Die Predigt steht eher am Rand. Die Kirchensprache der Liturgie ist häufig eine nicht mehr gesprochene Sprachform, so in Rußland und Bulgarien das Altslawische und in Griechenland das Koine-Griechisch des Neuen Testaments. Intellektuelle Verständlichkeit ist nicht das Hauptanliegen. Entscheidend ist das Bewußtsein der Gegenwart des dreieinigen Gottes und der ganzen himmlischen Welt. Die Gläubigen bekommen in der Liturgie einen Geschmack der Ewigkeit. Sie gewinnen Anteil am Geheimnis der göttlichen Trinität (Dreieinigkeit).

Es wird erzählt, der heidnische russische Großfürst Vladimir habe im 10. Jahrhundert Gesandte nach Byzanz (Konstantinopel) geschickt. Als sie zurückkehrten, berichteten sie, sie hätten einen Gottesdienst in der Hagia Sophia besucht und dabei den Himmel auf die Erde herabkommen sehen. Darauf ließ sich Großfürst Vladimir taufen und führte im Jahr 988 das Christentum in Rußland ein.[28]

*Formalprinzip: Liturgie*

Wer oder was vermittelt uns heute die Gottesoffenbarung in Jesus Christus, also das Heil? Die Vermittlung des Heils, das »Formalprinzip«, sehen die orthodoxen und die altorientalischen Kirchen in erster Linie im Gottesdienst gegeben, und hier hauptsächlich in der Eucharistiefeier, der »Göttlichen Liturgie«.

Die übliche Form der Eucharistiefeier ist die auf Patriarch Johannes Chrysostomus (354–407) zurückgeführte Chrysostomus-Liturgie. Nur wenig unterscheidet sich von ihr die zehnmal im Lauf des Kirchenjahres gefeierte, etwas längere Basilius-Liturgie. Die Struktur ist im wesentlichen dieselbe wie in der abendländischen Liturgie. Den beiden Hauptteilen »Liturgie des Wortes« (»Liturgie der Katechumenen« – mit Lesung von Epistel und Evangelium) und eucharistische Liturgie (»Liturgie der Gläubigen« – mit Wandlung von Brot und Wein und mit Kommunion) ist die »Proskomidie« vorgeschaltet, die Zubereitung der eucharistischen Gaben Brot und Wein für die Liturgiefeier. An den Wochentagen der vorösterlichen »Großen Fastenzeit« (außer Samstag) wird die »Liturgie der Vorgeweihten Gaben« gefeiert: ein Wortgottesdienst mit Kommunion der am Sonntag zuvor geweihten eucharistischen Gaben.

Die Liturgie ist »die königliche Tür, um den eigentlichen Geist der Orthodoxie kennenzulernen und zu fühlen, genauer ihr betendes Leben, wo der Mensch unaufhörlich das frohe Fest der Begegnung feiert«[29]. Der ganze Gottesdienst der Orthodoxie ist vom Lobpreis der Herrlichkeit (doxa) Gottes bestimmt, von der Doxologie. Am Schluß der Kommunion der Gläubigen singt der Chor: »Unser Mund fülle sich mit Deinem Lobe, o Herr, damit wir Deine Herrlichkeit lobpreisen, weil Du uns gewürdigt hast, teilzunehmen an Deinem heiligen, göttlichen, unsterblichen und lebendigmachenden Geheimnis.«[30]

»Orthodoxie«, welche die Ostkirche für sich beansprucht, bedeutet nicht nur »Rechtgläubigkeit«, sondern auch »rechter Lobpreis« Gottes. Die Rechtgläubigkeit drückt sich im gottesdienstlichen Lobpreis aus. Praktisch der gesamte Glaubensbestand der orthodoxen Kirche ist in der Liturgie zu finden, insbesondere im Nicänischen Bekenntnis und in den dort begegnenden Bibellesungen, Gebeten, liturgischen Wechselgesängen, den Hymnen (Troparion und Kontakion) für den jeweiligen Tag und im eucharistischen Hochgebet.

In einem weiteren Sinn besteht das Formalprinzip der orthodoxen Kirche in der Heiligen Schrift und der Heiligen Überlieferung, nämlich den »Göttlichen Mitteilungen, die von Generation zu Generation überliefert wurden und erst später aufgeschrieben worden sind. Dazu gehören auch Glaubenssätze und Regeln, die von der Kirche festgesetzt worden sind«[31]. Im engsten Sinn aber ist das Formalprinzip eben die Liturgie, in der die Heilige Schrift und die Heilige Überlieferung in der Gestalt des Lobpreises Gottes zusammengefaßt sind.

*Materialprinzip: Vergöttlichung*

Worin besteht die Heilsgabe? Wie ist das Verhältnis des Menschen zu Gott zu beschreiben? Darum geht es in dem »Materialprinzip«.

Das »Materialprinzip« der orthodoxen Kirche, ihr Verständnis des von Gott geschenkten Heils, ist darin zu sehen, daß der Mensch am göttlichen Mysterium (Geheimnis) teilbekommt und so in das neue Sein der Ewigkeit hineinverwandelt wird. Die entscheidende Gabe der Erlösung besteht darin, über den Tod hinaus in das ewige Leben hineinverwandelt zu werden.

Schon Ignatius von Antiochien nannte die Eucharistie ein »Hilfsmittel zur Unsterblichkeit«. Besonders die Mönche und Nonnen mit ihrer asketischen Lebensführung sind der Ewigkeit ein Stück näher gekommen. »Wie die Apostel alles verließen, um Christus zu folgen und sein Evangelium zu verkünden, so verlassen auch die Mönche alles, um mit ihrem Leben die Wahrheit des Lebens in Christus zu verwirklichen und zu bezeugen.«[32]

Die Erlösung ist durch Jesus Christus bewirkt worden. Er hat in seiner Auferstehung von den Toten die Macht des Todes besiegt. Ostern ist das zentrale Fest im Kirchenjahr der orthodoxen Kirche. In der Feier der Osternacht wird der Triumphhymnus mehr als sechzigmal wiederholt: »Christus ist erstanden aus den Toten; er hat den Tod durch seinen Tod besiegt und denjenigen, die in den Gräbern lagen, das Leben geschenkt.« Die Gläubigen tauschen miteinander den Osterkuß. Sie grüßen sich mit den Worten: »Christus ist auferstanden«, und sie bekommen zur Antwort: »Er ist in Wahrheit auferstanden!«[33] Bei jeder Feier der Göttlichen Liturgie spricht der Diakon einen Hymnus auf die Auferstehung. Darin heißt es: »Kommet, alle Gläubigen, lasset uns anbeten die heilige Auferstehung Christi! Denn siehe, durch das Kreuz ist Freude gekommen für die ganze Welt. Allezeit lobend den Herrn, besingen wir seine Auferstehung, denn das Kreuz erduldend, hat er den Tod durch seinen Tod überwunden!«[34]

Was in der Menschwerdung des Sohnes Gottes angefangen hat, ist in der Auferstehung des gekreuzigten Jesus vollendet worden: die Teilhabe des Menschen an der göttlichen Natur, die »Vergöttlichung« (theosis) des Menschen. Diese Vorstellung einer »Vergöttlichung« mag Christen der anderen Kirchen zunächst befremden, denn hier scheint der Abstand zwischen Gott und Mensch, zwischen Schöpfer und Geschöpf nicht gewahrt zu sein. Doch handelt es sich bei der Vergöttlichung um ein Geschenk Gottes. Die Glaubenden werden in die Gemeinschaft mit dem dreieinigen Gott hineingenommen,[35] denn »Gott wurde Mensch, auf daß der Mensch vergottet werde« (Athanasius)[36]. Aber auch die Natur soll Anteil bekommen an Gott und durch die Auferstehung Jesu Christi ins ewige Leben einbezogen werden. »Der Heilsplan Gottes mit der Welt zielt auf die Vergöttlichung alles Geschaffenen hin; und infolge des Sündenfalls schließt diese Vergöttlichung auch die Erlösung in sich ein.«[37]

*Der Heilige Geist*

Nicht erst in der Vollendung jenseits des Todes, sondern schon im irdischen Dasein bekommen wir ansatzweise an den Kräften der Ewigkeit teil. Dies ist vor allem das Werk des Heiligen Geistes. Er läßt das Erlösungswerk Jesu Christi in uns wirksam werden. So beziehen sich die orthodoxen Christen in ihrem Glaubensleben, in der Liturgie wie im theologischen Nachdenken besonders auf den Heiligen Geist, die dritte Person der göttlichen Trinität.

Nicht zuletzt der Streit um das »filioque« (»und dem Sohn«) besiegelte im Jahr 1054 die Kirchenspaltung, das Schisma zwischen Ostkirche und Westkirche: Die Ostkirche beharrte auf dem ursprünglichen Wortlaut des Nicänischen Bekenntnisses von 381, wonach der Heilige Geist nicht »aus dem Vater und dem Sohn«, sondern eben nur »aus dem Vater hervorgeht«. Damit wird der Heilige Geist bei aller trinitarischen Einbindung, die ihn den Geist des Vaters und des Sohnes sein läßt, doch nicht so ausschließlich an Jesus Christus und dessen Wirken in der Kirche gebunden wie in der abendländischen Tradition. Der Heilige Geist geht vielmehr unmittelbar von Gott dem Vater aus, der universal als Schöpfer wirkt, und somit ist der Heilige Geist über die Kirche hinaus in der ganzen Schöpfung am Werk.

Durch alle sieben Sakramente vermittelt der Heilige Geist die göttlichen Gnadengaben. In der ostkirchlichen Eucharistiefeier ist die Wandlung von Brot und Wein in Leib und Blut Christi anders als im römisch-katholischen Verständnis nicht auf die vom Priester gesprochenen Einsetzungsworte festgelegt. Der Priester ruft nach der Rezitation der Einsetzungsworte den Heiligen Geist an. Diese »Epiklese« lautet: »Auch bringen wir Dir diesen geistigen, unblutigen Dienst dar, rufen und bitten und flehen zu Dir: sende Deinen Heiligen Geist über uns herab und auf diese Gaben, die hier liegen.«[38]

*Die Kirche*
Der Heilige Geist spielt auch im orthodoxen Kirchenverständnis eine wichtige Rolle. Die Kirche, die aus dem trinitarischen Mysterium (Geheimnis) lebt und als der Leib Christi selbst ein Geheimnis darstellt, kommt nicht ohne rechtliche Ordnungen aus. Doch ist die Kirche nicht als rechtliche Größe zu verstehen.

Die orthodoxe Kirche ist nicht so straff hierarchisch, also »von oben nach unten«, verwaltet und dann auch geeint wie die römisch-katholische Kirche. Alle orthodoxen Bischöfe sind rechtlich gleichrangig. Keiner kann in das Gebiet (die »Eparchie«) eines anderen hineinregieren. Die Bischöfe einer autokephalen (voll selbständigen) Kirche bilden zusammen die »Heilige Synode der Hierarchie«. Den Vorsitz führt der jeweilige Patriarch, Metropolit oder Erzbischof, aber nur als primus inter pares (erster unter Gleichrangigen).

Die Gemeinschaft aller orthodoxen Eparchien (Diözesen) wäre das »Panorthodoxe Konzil«. Es sollte eigentlich noch vor dem Jahr 2000 stattfinden, auch wenn sich der Termin jetzt nicht mehr einhalten läßt, und wird vom Ökumenischen Patriarchen von Konstantinopel als dem Ehrenprimas zu leiten sein.[39] Alle Vorlagen des Panorthodoxen Konzils müssen einstimmig verabschiedet werden. Seit 1976 hat es zur Vorbereitung des Panorthodoxen Konzils mehrere Konferenzen gegeben.

Ob das Panorthodoxe Konzil dann »den Rang eines ökumenischen Konzils haben wird, das entscheidet das Konzil nicht selbst. Die Ökumenizität wird dann festgestellt oder bestätigt, wenn es vom orthodoxen Gesamtbewußtsein der Kirche als solches angenommen und anerkannt wird. Und das wird nur geschehen, wenn seine Vorbereitung und seine Durchführung im Heiligen Geist geschehen.«[40]

Nach orthodoxer Lehre ist in der einzelnen Ortskirche oder Diözese die Gesamtkirche anwesend. So fehlt der jeweiligen um ihren Bischof gescharten Diözese zur Fülle ihres Kirche-Seins nichts, sofern sie nur in der Gemeinschaft mit allen anderen Diözesen der einen Kirche steht. Wo unter Leitung des Bischofs und der von ihm beauftragten Priester die Eucharistie gefeiert wird, ist Christus ganz gegenwärtig.

Die Gemeinschaft zwischen den Diözesen ist eine Gemeinschaft der Lehre und des Gottesdienstes. Sie wird nicht durch ein Band des Rechts, sondern durch »ein Band der Liebe« gewahrt. Der Heilige Geist knüpft das Band der Liebe zwischen Gott dem Vater und Gott dem Sohn und dementsprechend auch das Band der Liebe zwischen den Diözesen oder Ortskirchen. »In dem bewußten Verzicht der orthodoxen Kirche auf eine Institution mit jurisdiktioneller Gewalt über die Gesamtkirche liegt gerade ihre Eigenart, das tiefe Vertrauen auf den in der Kirche wirkenden Parakleten« (griechisch für »Tröster«, wie der Heilige Geist nach Johannes 16,7 auch genannt wird), »dem keine Grenzen gesetzt werden.«[41] So regelt jede Diözese ihre Ordnungen und ihre Verwaltungsangelegenheiten unabhängig von den anderen Diözesen, wenn auch im Rahmen der Grundübereinstimmung aller orthodoxen Diözesen.

Alle Konfessionen sind sich darin einig, daß der Heilige Geist die Christenheit in die Wahrheit des Wortes Gottes führt und sie darin festhält (Johannes 16,13). Die Frage ist nur, welche Werkzeuge er dabei benutzt. Nach orthodoxer Sicht ist letztlich die Gesamtheit der Gläubigen dieses Werkzeug, diese Instanz. Dabei sind die Funktionen der Kirchenmitglieder klar voneinander unterschieden. Die Bischöfe und ihre Bischofsversammlungen, die Synoden, sind für die verbindliche Glaubenslehre zuständig. Sie üben die Lehrautorität aus, aber nicht in unfehlbarer Weise. »Letztverbindlich«, dann sozusagen unfehlbar, sind nur solche Lehrentscheide eines Ökumenischen Konzils, die einstimmig gefällt werden und dazuhin von den Gläubigen rezipiert (angenommen) werden. Damit ist das gläubige Kirchenvolk selbst an der verbindlichen Lehre beteiligt. Im übrigen nehmen die Laien auch an der Wahl der Priester und der Bischöfe teil, und ohne Laien kann kein Gottesdienst gefeiert werden.

Die orthodoxe Kirche versteht sich selbst als identisch mit der »einen, heiligen, katholischen und apostolischen Kirche« des ersten Jahrtausends, da sie beansprucht, deren Bekenntnisse, Kirchenstruktur und Liturgie zu bewahren. Sie spricht aber den anderen Kirchen nicht von vornherein das Kirche-Sein ab. Nach der »Akribie« (Genauigkeit), also genau genommen, ist nur die orthodoxe Kirche die eine Kirche Jesu Christi. Nach der »Ökonomie« (Heilsordnung, Heilsplan Gottes) aber, die sich in der »Philanthropie« (Menschenliebe, Menschenfreundlichkeit) Gottes erweist, gehören auch die nicht-orthodoxen Kirchen zur einen Kirche.[42]

*Statistik*
Die orthodoxen Kirchen umfassen etwa 170 Millionen Menschen[43] (davon 50–60 Millionen in den Ländern der ehemaligen Sowjetunion) in 350 Diözesen (Eparchien). Weltweiter Verband der orthodoxen Kirchen ist die panorthodoxe Konferenz mit dem Ökumenischen Patriarchen von Konstantinopel als Ehrenprimas. Nach dem 1991 verstorbenen Athenagoras I. wurde Bartholomaios I. neuer Ökumenischer Patriarch.

Die vierzehn autokephalen (voll selbständigen) Kirchen sind die Patriarchate von Konstantinopel, Alexandrien, Antiochien, Jerusalem, Moskau, Belgrad, Bukarest und Sofia sowie die Nationalkirchen von Zypern, Griechenland, Georgien, Polen, der Tschechischen Republik und Albanien.

Dazu kommen sieben autonome (selbständige) Kirchen. Sie sind verwaltungsmäßig selbständig, unterstehen aber rechtlich (jurisdiktionell) einem Patriarchat. Es handelt sich um die Nationalkirchen der Ukraine, von Mazedonien, Finnland, China, Japan, Ungarn und Frankreich. Dazu kommen Kirchen, die aus politischen Gründen rechtlich unabhängig geworden sind, vor allem die während der kommunistischen Herrschaft in der Sowjetunion entstandene, in allen Kontinenten vertretene russisch-orthodoxe Exilkirche.

Die ultra-konservativen »Altgläubigen« (Raskolniki), die sich im 17. Jahrhundert von der russisch-orthodoxen Kirche getrennt haben, umfassen etwa 3 Millionen Gläubige. Ein wichtiger Ausdruck ihres Festhaltens an altrussischen Riten und Frömmigkeitsformen ist das Kreuzschlagen nicht mit drei, sondern mit zwei Fingern (Zeigefinger und Mittelfinger).

## *4.2 Altorientalische Kirchen*

Die »altorientalischen« (»nichtchalcedonensischen«) Kirchen mit ihren etwa 33 Millionen Mitgliedern gehören wie fast alle orthodoxen Kirchen dem Ökumenischen Rat der Kirchen an. Mit der orthodoxen Kirche stehen sie im Dialog. Dabei hat sich eine weitgehende Übereinstimmung in der Glaubenslehre bestätigt. Die Gottesdienste der altorientalischen Kirchen wirken vielfach altertümlich, da sie die Entwicklung der Reichskirche nicht mitgemacht haben.

Bei den »altorientalischen Kirchen« oder »Orientalischen Nationalkirchen«[44] sind zwei große Gruppen zu unterscheiden: die »Nestorianer« und die »Monophysiten«.

Die *Nestorianer*, die Anhänger des Patriarchen Nestorius von Konstantinopel (gestorben um 451), hatten sich nach dem dritten Ökumenischen Konzil (Ephesus 431) von der Großkirche losgelöst. Sie betonten das Menschsein Jesu Christi und wehrten sich gegen die Versuche der Monophysiten, Jesus Christus ausschließlich als Gott zu verstehen. So lehnten sie den in Ephesus 431 zum Dogma erhobenen Würdetitel »Gottesgebärerin« für die Mutter Jesu ab und bezeichneten diese statt dessen als »Christusgebärerin«. In der Frage der göttlichen Gnade und ihres Einwirkens auf die Menschen betonten sie stärker die Möglichkeiten der menschlichen Vernunft und des menschlichen Willens.

Die *Monophysiten* lösten sich nach dem vierten Ökumenischen Konzil (Chalcedon 451) von der Großkirche. Das Dogma von den beiden Naturen in Jesus Christus, der menschlichen und der göttlichen Natur, konnten sie nur in ihrer besonderen Deutung annehmen: Gottheit und Menschheit seien in Jesus Christus so geeint, daß von der einen gottmenschlichen Natur zu reden sei. Die oft nur mit Mühe wahrnehmbaren Lehrdifferenzen zur Großkirche oder Reichskirche verbanden sich mit politischer Opposition zur byzantinischen Kirchenpolitik. Dabei waren besonders die Mönche aktiv. Bis zum Jahr 633 wurde immer wieder versucht, die kirchliche Einheit wiederherzustellen. So suchte man Kompromißformeln, in denen sich die Anhänger des Dogmas von den zwei Naturen Christi wie die Anhänger der Lehre von der gottmenschlichen Einheit Christi wiederfinden konnten, etwa indem man von der »einen gottmenschlichen Wirkweise« Jesu Christi oder von seinem »einen Willen« sprach. Solche Versuche scheiterten. 1964 einigten sich Vertreter der orthodoxen und der orientalischen (monophysitischen) Kirchen im »Aarhuser Gespräch« auf die Formel »die eine fleischgewordene Natur des Logos Gottes«.

Seit 1965 gibt es die Konferenz der orthodoxen orientalischen Kirchen. Dazu gehören die Koptische Orthodoxe Kirche, die Äthiopische Orthodoxe Kirche, die Syrisch-Orthodoxe Kirche, die Syrisch-Orthodoxe Kirche des Ostens in Indien und die Armenische Apostolische Kirche.

Gemeinden altorientalischer Christen haben sich in den letzten Jahrzehnten auch in Deutschland gebildet. Ihre Mitglieder sind vor allem Arbeiter aus Anatolien, dem Osten der Türkei, sowie Asylanten und Asylbewerber aus Äthiopien, der Türkei und dem Iran.

## *a) Nestorianische Kirche*

Die nestorianische »Apostolisch-Katholische Kirche des Ostens« (»Assyrische Kirche«) hat heute nur noch kleine Gemeinden, vor allem in Indien, im Irak, im Norden Irans und den USA.

Die einstige persische Nationalkirche ist die Kirche mit der vergleichsweise größten Missionstätigkeit in der Geschichte des Christentums gewesen. Im 6. bis 8. Jahrhundert breitete sie sich bis nach Indien, Zentralasien und China aus. Schon vor dem 13. Jahrhundert dehnte sie sich nach Korea und Japan aus. Sie hatte Anhänger unter Mongolen, Türken, Tataren und Tibetanern.[45] Am Niedergang der Nestorianerkirche waren die mongolischen Tataren um 1400, die Muslime und die römischen Katholiken mit ihren Vereinnahmungsversuchen beteiligt. 1994 kam es zu einer bedeutsamen Lehrübereinkunft zwischen der römisch-katholischen Kirche und der Apostolisch-Katholischen Kirche des Ostens. Hier wurden die bisherigen Lehrunterschiede in der Christologie bereinigt.[46]

Die Apostolisch-Katholische Kirche des Ostens (über 150000 Mitglieder) wird teils von einem Patriarchen in den USA (früher in Teheran), teils von einem Patriarchen in Bagdad geleitet.

## *b) Monophysitische Kirchen*

Die *Koptische Orthodoxe Kirche* (6 Millionen Mitglieder) ist die größte christliche Kirche Ägyptens. Sie ist die einzige afrikanische Kirche, die sich aus dem 3. und 4. Jahrhundert bis heute erhalten hat.

Sie führt sich auf den Evangelisten Markus zurück. Von besonderer Bedeutung ist die Marienverehrung. Die koptischen Klöster sind Orte der geistlichen Erneuerung. Ein besonderes Problem ist seit dem 7. Jahrhundert das Verhältnis zum Islam. Geleitet wird die Koptische Orthodoxe Kirche von einem Patriarchen in Alexandria, der auch den Titel eines »Papstes« führt.

Die *Äthiopische Orthodoxe Kirche*, zu der fast die Hälfte der Bevölkerung Äthiopiens gehört (22 Millionen Mitglieder), ist von der Geschichte her eng mit der Koptischen Orthodoxen Kirche verbunden, seit 1959 aber selbständig. Sie führt sich auf den Kämmerer der äthiopischen Königin Kandake (Apostelgeschichte 8,26–39) zurück. Es handelt sich um ein Christentum mit reicher afrikanischer Tradition. Die Frömmigkeit dieser Kirche ist stark vom Alten Testament her geprägt. Das könnte vermuten lassen, daß Äthiopien vor der Christianisierung den jüdischen Glauben angenommen hatte. Neben der Feier des Sonntags ist auch die Begehung des Sabbats verbreitet. Die Äthiopische Orthodoxe Kirche wird von einem Patriarchen in Addis Abeba geleitet.

Die *Syrisch-Orthodoxe Kirche* (Kirche der »Jakobiten«, so genannt nach dem Metropoliten von Edessa, Jakobos Baradai) ist in erster Linie in Syrien, im Libanon, im Irak, in Jordanien, der Türkei (Tur Abdin in der Südosttürkei) und den USA vertreten (250000 Mitglieder). Sie ist hinsichtlich der Nationalitäten nicht einheitlich, denn sie hat syrisch, arabisch, armenisch und kurdisch sprechende Mitglieder. Die Syrisch-Orthodoxe Kirche hat eine besonders reichhaltige Liturgie. Die Liturgie wird teils in altsyrischer, vor allem aber in arabischer Sprache zelebriert. Der Patriarch von Antiochien, der Primas der syrisch-orthodoxen Kirche, residiert derzeit in Damaskus.

Die *Syrisch-Orthodoxe Kirche des Ostens* in Indien (»Orthodoxe Kirche von Indien«, »Thomaschristen«) ist vor allem in Südindien, Sri Lanka und Malaysia verbreitet (600000 Mitglieder) und führt sich auf den Apostel Thomas zurück. Sie ist in der indischen Kultur verwurzelt und steht unter der Leitung des Katholikos von Kerala.

Die *Armenische Apostolische Kirche* (»Gregorianer«) ist seit ihrem Bestehen Anfang des 4. Jahrhunderts die Nationalkirche der Armenier (5 Millionen Mitglieder). Sie führt sich auf die Apostel Thaddäus und

Bartholomäus zurück. Sie verwarf im Jahr 506 die Beschlüsse des vierten Ökumenischen Konzils (451 Chalcedon). Als einzige christliche Kirche feiert sie die Geburt Jesu und das Erscheinungsfest zusammen am 6. Januar. Verbreitet ist sie in der Republik Armenien, wo im Kloster Etschmiadzin ihr Oberhaupt, der Katholikos, residiert, ferner in einigen anderen Republiken der ehemaligen Sowjetunion und in der weltweiten armenischen Diaspora. In den Jahren 1914 bis 1918 wurden etwa 1,5 Millionen armenische Christen Opfer eines türkischen Völkermords.

## *4.3 Alt-katholische Kirchen*

Alt-katholische Christen wehren sich dagegen, daß im üblichen Sprachgebrauch meistens nur »römisch-katholisch« gemeint ist, wenn »katholisch« gesagt wird. Katholisches Christentum muß nach altkatholischer Überzeugung nicht unter der Rechtsgewalt des Papstes stehen. So vertreten die Alt-Katholiken Rom gegenüber einen »alternativen Katholizismus«. »Alt-katholisch« bedeutet keinen konservativen oder traditionalistischen Katholizismus, eher das Gegenteil. »Alt« weist darauf hin, daß an der Kirche vor dem Schisma (Kirchentrennung) zwischen Westkirche und Ostkirche Maß genommen wird, vor allem an der Alten Kirche der ersten vier oder fünf Jahrhunderte. In der Praxis vertreten die Alt-Katholiken, die sich in der Schweiz »Christkatholiken« nennen, fast immer freiheitliche, progressive Positionen. Sie sind betont ökumenisch eingestellt.

Die Alt-Katholiken wurden 1871 und in den Jahren danach von der römisch-katholischen Mutterkirche ausgeschlossen und haben dann eigene Gemeinden gebildet. Zunächst lehnten sie die beiden Papstdogmen des Ersten Vatikanischen Konzils (1869/70) ab: die Unfehlbarkeit und den Jurisdiktionsprimat (letzte Entscheidung in rechtlichen Fragen) des Bischofs von Rom. Dabei blieb es nicht. Auch das 1854 verkündete Dogma von der Unbefleckten Empfängnis Marias wird abgelehnt. Die Entscheidungen des Konzils von Trient (1545–1563) wie die seitherigen päpstlichen Erlasse werden an der Heiligen Schrift und der Lehre der Alten Kirche gemessen. Dies ist festgehalten in der »Utrechter Erklärung« von 1889. Deren dogmatisch ausgerichtete Artikel 1 bis 6 bilden eine Art Lehrgrundlage für die alt-katholische Sondertradition.[47]

Die alt-katholische Kirche konnte die »apostolische Sukzession« ihrer Bischöfe in einer Form nachweisen, die Rom notgedrungen akzeptieren mußte: Der erste alt-katholische Bischof, Joseph Hubert Reinkens, erhielt 1873 durch den niederländischen Bischof Hermann Heykamp die Bischofsweihe, und dieser war vom Erzbischof von Utrecht geweiht worden; dieser wiederum stand in der Ämterkette der seit 1723 von Rom unabhängigen Erzbischöfe von Utrecht.

Die alt-katholische Kirche führte Reformen durch, die in der römisch-katholischen Kirche erst 100 Jahre später nachgeholt wurden; etwa den Gebrauch der Muttersprache in der Liturgie oder die Möglichkeit der Kelchkommunion auch für Laien. Doch sind die Reformen der Alt-Katholiken erheblich weitergegangen. Die Priester sind nicht zum Zölibat verpflichtet. Die Diözese wird gemeinsam vom Bischof und von der Synode geleitet, zu der auch Laien gehören. Die Marienverehrung wurde auf ein altkirchliches Maß beschränkt.

Unter den sieben Sakramenten sind Taufe und Abendmahl deutlich die Hauptsakramente. Der Begriff »Transsubstantiation« wird abgelehnt. Das Geheimnis der Wesensverwandlung von Brot und Wein in Leib und Blut Christi ist nämlich nicht zu erklären. Auch vom »Meßopfer« ist kaum die Rede, auch wenn die Früchte von Jesu Leiden und Sterben in der Eucharistie vergegenwärtigt und zugeeignet werden. Ohrenbeichte und Bußandacht sind gleichwertig.

Mit ihrem Ineinander von katholischer Weite und evangelischer Konzentration auf die biblische Mitte betont die alt-katholische Kirche die »evangelische Katholizität«. Von Anfang an in der ökumenischen Bewegung engagiert, steht sie mit der anglikanischen Kirche seit 1931 in »voller Kirchengemeinschaft« bei gegenseitiger kirchenrechtlicher und theologischer Unabhängigkeit.[48]

Am 29. März 1985 konnte die »Vereinbarung über eine gegenseitige Einladung zur Teilnahme an der Feier der Eucharistie« zwischen dem Rat der Evangelischen Kirche in Deutschland und dem Katholischen

Bistum der Alt-Katholiken in Deutschland geschlossen werden. Zum erstenmal besteht zwischen einer katholischen und einer evangelischen Kirche die amtlich anerkannte Möglichkeit zum gegenseitigen Abendmahlsbesuch. Durch ihren Alleingang bei der Einführung der Frauenordination ab Pfingsten 1996 geriet die deutsche alt-katholische Kirche innerhalb ihres konfessionellen Weltbundes, der »Utrechter Union«, mindestens zunächst in eine gewisse Isolation. Doch gestand die internationale alt-katholische Bischofskonferenz 1997 die Priesterweihe für Frauen grundsätzlich zu, und diese wurde 1998 auch in Österreich und in den Niederlanden eingeführt.

Die in der Utrechter Union zusammengeschlossenen alt-katholischen Kirchen, mit dem Erzbischof von Utrecht als Ehrenprimas, zählen knapp 500000 Mitglieder in 15 Diözesen. Es handelt sich um jeweils selbständige (autonome) Nationalkirchen in den Niederlanden, in Deutschland, der Schweiz, Österreich, der Tschechischen Republik, den USA (dort die »Polnische Nationalkatholische Kirche«), in Polen und Kroatien. Die alt-katholische Kirche der Mariaviten in Polen ist nicht volles Mitglied der Utrechter Union.

## *Unabhängige romfreie katholische Kirchen*

Romfreie katholische Kirchen, die zum Protestantismus tendieren, sind die Unabhängige Philippinische Kirche (2 Millionen Mitglieder), die Tschechische Hussitenkirche (200000 Mitglieder) und die Syrische Mar-Thoma-Kirche in Südindien (500000 Mitglieder). Sie sind, wie die Mitgliedskirchen der Utrechter Union, dem Ökumenischen Rat der Kirchen angeschlossen.

# 5. Römisch-katholische Kirche

An einem Punkt unterscheidet sich die römisch-katholische Kirche von allen anderen christlichen Kirchen: Sie wird vom Papst geleitet. Er ist nicht nur in rechtlicher Hinsicht die höchste Instanz, und zwar gesetzgebende, richterliche und ausführende Gewalt in einem Amt. Er ist zugleich die höchste, im Zweifelsfall sogar »unfehlbare« Instanz in den Fragen der verbindlichen Glaubenslehre und Sittenlehre (Ethik). Papst Paul VI. sagte am 28. April 1967 vor den Mitgliedern des Vatikanischen Einheitssekretariats: »Wir sind uns vollkommen dessen bewußt, daß der Papst das größte Hindernis auf dem Weg des Ökumenismus ist.«[49]

Papst ist immer der Bischof von Rom. Deshalb heißt die vom Papst geleitete Kirche eben »römisch-katholische« Kirche. Die weitaus größte Zahl der römisch-katholischen Christen gehört zum »lateinischen Ritus«, eine kleine Zahl zu den Rom angeschlossenen (»unierten«) Ostkirchen.

*Einheit*

Etwas vom Eindrucksvollsten an der römisch-katholischen Kirche ist ihre Einheit. Sie ist weltweit in Diözesen oder »Ortskirchen« gegliedert, die von Bischöfen geleitet werden. In einem hierarchischen System sind alle Diözesen miteinander vernetzt. An der Spitze dieses Systems steht der Papst. Beraten wird er von der Kurie des Vatikans, sozusagen der Regierung der Weltkirche.[50] Die römisch-katholische Kirche versteht ihre Einheit als eine »Gemeinschaft« (communio) von Ortskirchen oder Diözesen, und zwar als eine Gemeinschaft mit und unter dem Papst.[51]

Die grandiose Einheit zeigt sich auch im Gottesdienst. Weltweit kennt die Kirche des »lateinischen Ritus« denselben liturgischen Ablauf für den Hauptgottesdienst an den Sonntagen und Feiertagen, die Heiligen Messe oder Eucharistiefeier. Bis zum Ende des Zweiten Vatikanischen Konzils (1962–1965) war Latein die verbindliche liturgische Sprache. Jetzt wird in den Gottesdiensten meistens die jeweilige Landessprache benutzt.

Im Rahmen der Weltchristenheit und im Blick auf die Religionen insgesamt ist die römisch-katholische Kirche die weitaus größte einheitliche Glaubensgemeinschaft. Sie kann diese Einheit auch nicht verlieren, es sei denn, sie würde sich selbst als römisch-katholische Kirche auflösen. Wer nämlich römisch-katholisch ist, steht damit unter der geistlichen und kirchenrechtlichen Hoheit des Papstes. Wer sich davon löst, ist nicht mehr römisch-katholisch. Würde eine Diözese oder eine Kirchenprovinz den päpstlichen Primat, den rechtlichen und lehrmäßigen Vorrang des Papstes nicht mehr anerkennen, so hätte sich eben damit eine romfreie katholische Kirche gebildet.

Die Einheit hat für römisch-katholische Christen geistliche Qualität. Dabei gilt es nicht nur, die bestehende Einheit festzuhalten. Es ist das Ziel des römisch-katholischen »Ökumenismus«, in diese Einheit auch alle anderen Christen einzubeziehen. Ausgesprochen oder unausgesprochen wird die Einheit der Kirche Jesu Christi nämlich als »Einheit unter dem Papst« gedacht.[52] Das schließt eine Vielfalt der Ordnungen und Gottesdienstformen übrigens nicht aus, wie am Beispiel der mit Rom unierten Kirchen zu sehen ist.

Die geradezu einzigartige Einheit der römisch-katholischen Kirche hat freilich auch ihren Preis. Ein römisch-katholischer Amtsträger kann in Gewissensnöte kommen, indem er in seinem Wahrheitsbewußtsein mit diesem oder jenem Dogma seiner Kirche nicht mehr übereinzustimmen vermag. Die Loyalität gegenüber der Wahrheit verpflichtet ihn, seine Überzeugung zu vertreten. Die Loyalität gegenüber der Kirche zwingt ihn aber, im Zweifelsfall zu schweigen. So kann unter Umständen die Einheit nur auf Kosten der selbst erkannten Wahrheit durchgehalten werden.

Die Einheit kommt aber nicht nur mit der Wahrheit in Konflikt, sondern auch mit der Freiheit. Nur in innerer Freiheit kann man eigenständig Zugang finden zu einer Wahrheit, indem man sie erlebt, durchdenkt und sich nach bestem Wissen und Gewissen zu eigen macht. Seit dem Zweiten Vatikanischen Konzil wird auch in der römisch-katholischen Kirche der Grundsatz der Gewissensfreiheit betont. Seinem Gewissen zu folgen, sei der Christ auch gegen die Lehren seiner Kirche verpflichtet. Dies trifft allerdings nicht bei den Dogmen zu. Sie gelten als unfehlbar. Aus Glaubensgehorsam müsse man ihnen deshalb immer zustimmen.[53]

*Kirchenrecht*
Die Einheit wird nicht zuletzt durch das Kirchenrecht gefestigt. In seinen Grundzügen und Hauptstücken ist es weltweit einheitlich. So vollzieht sich die Einheit der Kirche nicht nur als Glaubensgemeinschaft und Gottesdienstgemeinschaft, sondern auch als eine Rechtsgemeinschaft. Die römisch-katholische Kirche hat ein ausgeprägteres Rechtsdenken als die orthodoxen Kirchen und erst recht als die reformatorischen Kirchen, für welche die Ordnungsfragen vorläufigen Charakter haben.

Das neueste weltweite Gesetzbuch der Kirche des lateinischen Ritus, der Codex Iuris Canonici (CIC), löste 1983 den CIC von 1917 ab.[54] Schon an diesem Vorgang ist zu sehen, daß nicht alle Canones (Rechtsvorschriften) des Kirchenrechts für alle Zeit festgelegt sind. Ein Grundstock allerdings ist »göttlichen Rechts« (iure divino) und damit unveränderlich. Gesetze »göttlichen Rechts« werden so verstanden, daß Gott selbst sie vorgeschrieben hat: sei es, daß er sie als unverbrüchliche Ordnungen in die Schöpfung eingegeben hat, sei es, daß Jesus Christus sie seiner Kirche und den Gläubigen geoffenbart hat. »Göttliches Recht« ist im Unterschied zum bloß »kirchlichen Recht« ein Bestandteil des Glaubens selbst.

Was zum »göttlichen Recht« zählt, ist im CIC jeweils entsprechend markiert. Gerade die hierarchische Kirchenverfassung als solche gilt als eine Ordnung göttlichen Rechts und damit als unantastbar. Dazu gehört die Fundamentalunterscheidung zwischen Klerus (Geistlichen) und Laien. Das »gemeinsame Priestertum der Gläubigen« ist mit dem Klerus verbunden, von ihm aber auch qualitativ unterschieden. »Das gemeinsame Priestertum der Gläubigen aber und das Priestertum des Dienstes, das heißt das hierarchische Priestertum, unterscheiden sich zwar dem Wesen und nicht bloß dem Grade nach. Dennoch sind sie einander zugeordnet: das eine wie das andere nämlich nimmt je auf besondere Weise am Priestertum Christi teil.«[55] Daß die Priester nicht verheiratet sein dürfen, ist eine Vorschrift des kirchlichen, nicht des göttlichen Rechts.[56] In den mit Rom unierten Ostkirchen gibt es ja auch verheiratete Priester. Daß nur Männer, nicht aber Frauen zu Priestern geweiht werden dürfen, scheint nach neuerlicher päpstlichen Verlautbarungen dagegen unfehlbar und damit eine Vorschrift göttlichen Rechts zu sein.[57]

Göttlichen Rechts ist die Beschränkung der Kirchenleitung, also der Rechtsgewalt (Jurisdiktion) und des Lehramtes, auf die Bischöfe mit und unter dem Papst.[58] Laien können in der Kirchenleitung nur als ausführende Organe mitarbeiten.[59]

Bestimmte Funktionen in der Kirche kann und darf nur der Priester ausüben. Würde etwa ein voll ausgebildeter Theologe, der nicht zum Priester geweiht ist, eine Eucharistiefeier leiten und dabei das eucharistische Hochgebet samt den Einsetzungsworten des Abendmahls sprechen, so wäre das nicht nur unerlaubt, sondern auch ungültig. Es wäre also gar keine Eucharistie. Oder würde ein solcher »Laientheologe« Gläubigen die Beichte abnehmen und ihnen die Sündenvergebung zusagen, so wäre das kein gültiges göttliches Vergebungswort. Außer Taufe und Eheschließung bleibt die Spendung aller Sakramente dem Priester vorbehalten, das Sakrament der Priesterweihe sogar dem Bischof.

*Lehrautorität, Lehramt*

Die amtliche römisch-katholische Lehre begegnet in den Verlautbarungen der Bischöfe, besonders der Bischofsversammlungen, der Synoden und Konzilien, und in den Lehräußerungen des Papstes. Hier gibt es verschiedene Stufen der Verbindlichkeit. Eine Enzyklika (Lehrschreiben) des Papstes hat ein größeres Gewicht als eine Predigt, die er irgendwann hält. Der Fastenbrief eines Bischofs wiegt schwerer als ein Zeitungsartikel, in dem er seine persönliche Meinung äußert.[60]

Grundsätzlich ist bei den Äußerungen des Lehramtes zu unterscheiden zwischen dem, was verbindlich (»authentisch«) und dem, was letztverbindlich (»autoritativ«) ist. Letztverbindlich sind die Dogmen. Sie sind unfehlbare Lehrentscheide oder Glaubensformulierungen. Den Priestern, die nicht zu Bischöfen geweiht sind, steht streng genommen keine eigene Lehrautorität zu – oder nur insofern, als sie »sorgsame Mitarbeiter des Bischofsstandes«[61] sind. Die Theologen registrieren, erforschen, analysieren und beschreiben die kirchliche Lehre, stellen sie dar und geben sie weiter. Sie haben dem Lehramt zuzuarbeiten und dessen Verlautbarungen zu interpretieren. Damit steht ihnen keine eigene Lehrautorität zu.

*Primat des Papstes*
Göttlichen Rechts ist der Primat, der Vorrang des Bischofs von Rom. Unterschieden wird zwischen Leitung und Lehre, und dabei ist die Lehre ein Teil der Leitung. Der Primat des Papstes bedeutet seine oberste Rechtsgewalt über die gesamte Kirche sowie seine Unfehlbarkeit bei letztinstanzlichen Lehrentscheidungen (Entscheidungen »ex cathedra«, also vom Lehrstuhl aus). Die beiden Dogmen, die das Papstamt selbst betreffen, wurden auf dem Ersten Vatikanischen Konzil formuliert.[62]

Mit dem Jurisdiktionsprimat hat der Papst gleichzeitig die höchstinstanzliche Gesetzgebung (Legislative), Rechtsprechung (richterliche Gewalt) und Exekutive (ausführende Gewalt) in seiner Hand.

»Unfehlbarkeit«, also Irrtumslosigkeit unter dem Beistand des Heiligen Geistes, kommt dem Papst nicht bei allen seinen Äußerungen zu, sondern nur, wenn er sie für eine bestimmte Lehraussage feierlich feststellt. Seit 1870 hat ein Papst nur einmal von dieser Vollmacht Gebrauch gemacht, nämlich Pius XII. am 1. November 1950 mit dem Dogma von der »Himmelfahrt Mariens«, genauer: von ihrer Aufnahme in den Himmel mit Leib und Seele. Der springende Punkt ist aber, daß der Papst überhaupt die Möglichkeit zu unfehlbaren Lehrentscheiden hat. Was immer er im einzelnen sagt und tut, bekommt von daher eine besondere Qualität.

Der päpstliche Primat wird auf Jesus Christus zurückgeführt. Drei Bibelstellen werden seit Papst Leo dem Großen (Papst von 440 bis 461) dafür genannt. Matthäus 16,16–19 wird geltend gemacht für den Primat des Petrus und eine Amtsnachfolge im Petrusamt. Lukas 22,32 wird speziell auf die Lehrautorität des Papstes bezogen. Johannes 21,15–17 wird als Beleg für das »Hirtenamt« des Papstes verstanden, also seine Leitungsaufgabe und Rechtsprechung (Jurisdiktion). In allen drei Bibelstellen spiegelt sich eine Führungsrolle des Apostels Petrus im Kreis der ersten Jünger Jesu wider. Petrus ist der erste – männliche – Osterzeuge gewesen. Sein Christusbekenntnis und grundsätzlich das Bekenntnis zum auferstandenen Christus ist der »Fels« des christlichen Glaubens. Petrus ist in der Jerusalemer Urgemeinde der Sprecher des Kollegiums der Zwölf gewesen, bis dann eine zeitlang ein Dreierkollegium die Leitung übernahm, zu dem mit dem Herrenbruder Jakobus und mit Johannes auch Petrus gehörte (Galater 2,9). Kaum bestritten ist auch, daß Petrus und Paulus in Rom den Märtyrertod starben.

Um aus alledem den Primat des Papstes zu begründen, müssen allerdings folgende vier Voraussetzungen eingeschoben werden: Erstens habe Jesus Petrus mit Rechtsvollmacht und möglicher unfehlbarer Lehrautorität für die Gemeinde ausgestattet. Zweitens sei Petrus Bischof von Rom gewesen. Drittens sei Petrus von Jesus zum künftigen Bischof von Rom berufen worden. Viertens habe Jesus eine ständige Weiterführung des römischen Bischofsamts angeordnet. Alle diese vier Voraussetzungen lassen sich freilich nicht aus den Quellen belegen. Historisch-kritisch arbeitende römisch-katholische Theologen sind deshalb davon abgekommen, das Papstamt direkt auf eine Anweisung Jesu Christi zurückzuführen. Sie halten aber den »Petrusdienst« als »Dienst an der Einheit der Kirche« für bleibend notwendig und sehen die geschichtliche Entwicklung hin zum Primat des Papstes als ein Werk des Heiligen Geistes.[63]

*Kirchenbindung*

Der römisch-katholische Christ ist in seinem persönlichen Glauben in starkem Maß an die Kirche gebunden, die ihm diesen Glauben vermittelt hat. Der evangelische Theologe Friedrich Schleiermacher (1768–1834) hat immer noch recht mit seinem berühmten Satz, man könne »den Gegensatz zwischen Protestantismus und Katholizismus vorläufig so fassen, daß ersterer das Verhältnis des einzelnen zur Kirche abhängig macht von seinem Verhältnis zu Christo, der letztere aber umgekehrt das Verhältnis des einzelnen zu Christo abhängig macht von seinem Verhältnis zur Kirche«[64].

In Deutschland liegt der durchschnittliche sonntägliche Kirchenbesuch bei den Katholiken immer noch etwa dreimal bis viermal höher als bei den Protestanten. Das mag zusammenhängen mit der »Sonntagspflicht«, dem Gebot des regelmäßigen Gottesdienstbesuchs.[65] Doch ist dies nicht der einzige Grund für den besseren – wenn auch in den letzten 30 Jahren erheblich zurückgegangenen – Gottesdienstbesuch. Unter römisch-katholischen Christen ist die Kirchenbindung, die Solidarität mit der eigenen Kirche größer als unter evangelischen Christen. Das zeigt sich auch an den Kirchenaustritten. Sie liegen in

Deutschland seit 1970 bei römischen Katholiken nur etwa halb bis drei viertel so hoch wie bei landeskirchlichen Protestanten.

*Formalprinzip: Kirche*

Wodurch wird die Offenbarung Gottes in Jesus Christus vermittelt? Das »Formalprinzip« der römisch-katholischen Kirche, also die Instanz, durch die vor allem das Heil vermittelt wird, ist »die Kirche« selbst. Nach Bischof Cyprian von Karthago (200–258) »kann der nicht mehr Gott zum Vater haben, der die Kirche nicht zur Mutter hat«[66]. Bischof Aurelius Augustinus (354–430), der, durch ein Bibelwort getroffen, seine Bekehrung zu Jesus Christus erfuhr, sagte: »Ich hingegen würde dem Evangelium keinen Glauben schenken, wenn mich nicht die Autorität der katholischen Kirche dazu bewogen hätte.«[67]

Der Glaube der römischen Katholiken ist »Glauben mit der Kirche«, kirchlicher Glaube. Dabei werden sich die einzelnen Katholiken notfalls damit begnügen, einfach das zu glauben, was die Kirche glaubt, genauer gesagt: zu glauben, daß die Kirche mit ihrer amtlichen Lehre auf alle Fälle recht hat.[68]

Die Kirchlichkeit des Glaubens zeigt sich etwa am Problem der Heilsgewißheit. Während für die Reformatoren das feste Vertrauen auf die in Jesus Christus offenbare und wirksame Gnade Gottes die Gewißheit bedeutete, in Zeit und Ewigkeit am Heil teilzuhaben, wandte sich das Rechtfertigungsdekret des Konzils zu Trient 1547 »wider den eitlen Vertrauensglauben der Irrlehrer«[69] und ließ im Blick auf die einzelnen Christen nur eine Art Hoffnungsgewißheit gelten, eine Hoffnung also auf die Teilhabe am Heil. Nur die Wirksamkeit der kirchlichen Heilsvermittlung sei insgesamt gewiß.

Dem kann allerdings entgegengehalten werden, daß sich aus der Gewißheit, gegenwärtig aus Gottes Gnade und Liebe zu leben, die Gewißheit künftiger Gemeinschaft mit Gott ergibt, aber in der Form der Hoffnung, da das Künftige sich zwar schon andeutet, aber noch aussteht (dazu Hebräer 11,1 und die Dreiheit von »Glaube, Hoffnung, Liebe« in 1. Korinther 13,13).

Der reformatorischen Losung »sola scriptura« (allein die Heilige Schrift) stellte das Trienter Konzil 1546 die Gleichrangigkeit von Schrift und Überlieferung entgegen, wonach die Kirche »alle Bücher des Alten und Neuen Bundes ... zugleich mit den Überlieferungen, die Glaube und Sitte betreffen, mit gleicher frommer Bereitschaft und Ehrfurcht anerkennt und verehrt«[70]. Was legitime christliche Überlieferung ist und was nicht, stellt das Lehramt der Kirche fest. Es legt die Glaubensquellen Bibel und apostolische Überlieferung aus und wacht darüber, daß sie unverfälscht bewahrt werden.[71]

Der Heilige Geist, der die Kirche in alle Wahrheit leiten wird (Johannes 16,13), hat sich an das kirchliche Lehramt gebunden. Die Kirche verwaltet und garantiert durch das Lehramt die unverfälschte Wahrheit. Die Unfehlbarkeit des Papstes, wenn er »ex cathedra« (von seinem Lehrstuhl aus) spricht, ist nichts anderes als Ausdruck der wesentlichen Unfehlbarkeit der ganzen römisch-katholischen Kirche.[72]

Die Kirche wird als eine heilige, aus der Welt des Göttlichen gekommene und in die Dimension des Göttlichen hineinragende Institution empfunden. Einerseits ist sie das Volk Gottes, die Gemeinschaft der Glaubenden. Andererseits ist sie als die »Mutter Kirche«[73] den Glaubenden vorgeordnet; sie vermittelt ihnen durch die geweihten Priester das sakramentale Heil.

Die Reformatoren unterschieden die »sichtbare« und »verborgene« Kirche, genauer: eine sichtbare und eine verborgene Dimension der Kirche. Zur sichtbaren Kirche gehören alle getauften Mitglieder, zur verborgenen Kirche die wahrhaft Glaubenden. Im Protestantismus wird die sichtbare Kirche an der verborgenen Kirche gemessen. Im römischen Katholizismus hat gerade die sichtbare Kirche mit ihrem hierarchischen Gefüge ein besonderes Gewicht. Sie ist in der Enzyklika »Mystici Corporis« (1943) verstanden als eine »vollkommene Gesellschaft« (societas perfecta), die am »mystischen Leib Christi« (corpus Christi mysticum) als einer vom Heiligen Geist durchdrungenen, die Erlösung vermittelnden Gemeinschaft teilhat.[74]

Greifbar und nachprüfbar wird der Geheimnischarakter der sichtbaren Kirche in den vier Merkmalen der Einheit, Heiligkeit, Katholizität und Apostolizität. Von ihnen ist im Nicänischen Bekenntnis die Rede. Die »Einheit« zeigt sich in der weltweiten hierarchischen Gemeinschaft; die »Heiligkeit« an den Märtyrern, Heiligen und Seligen, besonders der Gottesmutter Maria; die »Katholizität« an der unverkürzten Bewahrung der christlichen Lehre durch die Zeiten; die

»Apostolizität« an der apostolischen Sukzession (Aufeinanderfolge), nach der die Bischöfe in lückenloser Ämterkette Nachfolger der Apostel sind.

Im Zweiten Vatikanischen Konzil werden sichtbare Kirche und »geheimnisvoller (mystischer) Leib Christi« als zwei Seiten ein und derselben Wirklichkeit gesehen, in Entsprechung zu Jesus Christus, der in seiner menschlichen und seiner göttlichen Natur doch eine einzige Person ist.[75]

*Maria: Mutter Jesu und Gottesmutter*
Mit den Ostkirchen ist die römisch-katholische Kirche in der Hochschätzung Marias verbunden, der Mutter Jesu. Sie wird als »allezeit jungfräuliche Gottesmutter« verehrt.

Das Mariendogma von 1854 lehrt die »unbefleckte Empfängnis Mariens«, wonach sie von Anfang an von der Erbsünde befreit gewesen sei und auch tatsächlich nicht gesündigt habe. Das Dogma von 1950 verkündet, Maria sei mit Leib und Seele in den Himmel aufgenommen worden.

Beim Gebet zu Maria und den Heiligen handelt es sich, wie betont wird, nicht um eine »Anbetung« (adoratio), die sich allein auf den dreieinigen Gott zu richten hat, sondern nur um eine »Anrufung« (invocatio). Die einzelnen Katholiken sind aber nicht verpflichtet, zu Maria und den Heiligen zu beten.

Das Zweite Vatikanische Konzil hat die Lehre von Maria in die Lehre von der Kirche eingebunden. Maria wird danach verehrt »als überragendes und völlig einzigartiges Glied der Kirche wie auch als ihr Typus und klarstes Urbild im Glauben und in der Liebe«[76]. Sie wird verstanden als »Bild und Anfang der in der kommenden Weltzeit zu vollendenden Kirche«[77].

Evangelischerseits wird bei den Dogmen von der unbefleckten Empfängnis Marias und von ihrer Aufnahme in den Himmel eine biblische Grundlage vermißt und zudem eine starke Tendenz zur Gleichstellung Marias mit Jesus kritisiert. Aus evangelischer Sicht ist auch das Gebet zu Maria und den Heiligen nicht angemessen. Zwischen »Anbetung« und »Anrufung« seien die Grenzen nur schwer zu ziehen.

*Kirche und Kirchen*
Immer wenn in den Lehraussagen, im religiösen und im theologischen Schrifttum der römisch-katholischen Kirche von »der Kirche« die Rede ist, stellt sich für Christen der anderen Konfessionen die Frage: Was genau ist hier gemeint? Ist »die Kirche« deckungsgleich mit der römisch-katholischen Kirche? Oder ist sie die Gemeinschaft der Glaubenden quer durch alle Konfessionen?

Eine schlichte Gleichsetzung von »der Kirche« mit der römisch-katholischen Kirche entspricht nicht mehr der geltenden Lehre. Der Anspruch, »alleinseligmachende Kirche« zu sein, wird nicht mehr uneingeschränkt erhoben. Die römisch-katholische Kirche versteht sich selbst aber als die Kirche, wie sie von Christus gestiftet und gewollt ist. Sie allein enthält danach die ganze Fülle der Wahrheitserkenntnis und der Heilsmittel. Die eine Kirche ist in der römisch-katholischen Kirche »verwirklicht«[78]. Sie sieht ihr Verhältnis zu den anderen Kirchen als ein Verhältnis zwischen Fülle und Defiziten oder Mängeln. Danach haben auch die anderen Kirchen wertvolle Heilsgüter, mit denen sie ihren Mitgliedern die Heilsgabe des Evangeliums vermitteln. Doch leiden sie an gravierenden oder geringfügigeren Mängeln, je nach ihrer theologischen, spirituellen und organisatorischen Nähe oder Ferne zur römisch-katholischen Kirche.[79]

Der Status »Kirche« wird den romfreien katholischen Kirchen zuerkannt, da sie aus römisch-katholischer Sicht in gültiger apostolischer Sukzession stehen. Den reformatorischen Kirchen dagegen wird nur der Status »kirchliche Gemeinschaft« zugebilligt. Sie hätten nämlich »vor allem wegen des Fehlens des Weihesakraments die ursprüngliche und vollständige Wirklichkeit des eucharistischen Mysteriums nicht bewahrt«[80]. In seiner Enzyklika »Ecclesiam suam« vom 6.8.1964 gebrauchte Papst Paul VI. das Bild von den »konzentrischen Kreisen«: Den engsten Kreis um Jesus Christus als die Mitte bildet die römisch-katholische Kirche; dann folgen in weiteren Kreisen die romfreien katholischen Kirchen, die reformatorischen Kirchen, die anderen Religionen, und schließlich die übrige Menschheit.

Die römisch-katholische Kirche sieht alle übrigen christlichen Glaubensgemeinschaften auf sich hin geordnet. »Denn einzig dem Apostelkollegium, an dessen Spitze Petrus steht, hat der Herr, so glauben wir, alle

Güter des Neuen Bundes anvertraut, um den einen Leib Christi auf Erden zu konstituieren, welchem alle völlig eingegliedert werden müssen, die schon auf irgendeine Weise zum Volk Gottes gehören.«[81]

*Frömmigkeit*
Für die Frömmigkeit römisch-katholischer Christen spielt das Sinnenhafte, Leibliche, Sichtbare, Greifbare eine große Rolle. Die Kirche selbst ist inmitten der Welt eine Oase des Heiligen.

Das Gotteshaus ist eine Stätte der Anbetung. In seinem geweihten Altar sind Reliquien (Überbleibsel oder Hinterlassenschaften) von Heiligen eingelegt. Im Tabernakel (Schränkchen), der durch das »ewige Licht« angezeigt ist, befindet sich das von der Eucharistie übriggebliebene konsekrierte (geweihte) Brot. Ein Seitenaltar ist der Gottesmutter Maria gewidmet, ein anderer einer oder einem Heiligen. Wer ein Gebetsanliegen hat, kann dort eine Kerze entzünden. Am Eingang des Kirchenschiffs ist ein Weihwasserbecken angebracht. Die Gläubigen bekreuzigen sich mit den zuvor ins Weihwasser eingetauchten Fingern; sie beugen ihre Knie in Richtung Altar, weil dort die heilige Handlung des eucharistischen Opfers vollzogen wird.

Vielerlei Frömmigkeitsformen werden gepflegt: Fasten in den Fastenzeiten des Kirchenjahres und an Freitagen; Wallfahrten; Reliquienverehrung; Rosenkranzbeten; Marienandachten; die eucharistische Anbetung vor dem Tabernakel, der mit dem konsekrierten Brot gefüllt ist; Fronleichnamsprozessionen; die Segnung eines Hauses, eines Ackers, eines Fahrzeugs oder eines Tieres. Manche dieser Formen sind eher in ländlichen Gebieten als in der Stadt üblich, und mehr bei konservativen als bei progressiven Katholiken.

Die »Transsubstantiation«, die Wandlung von Brot und Wein in den Leib und das Blut Christi in dem Augenblick, wenn der Priester die Einsetzungsworte des Abendmahls rezitiert, ist der lehrmäßige Ausdruck des Empfindens, daß Gott dem Gläubigen in der Eucharistie leibhaftig nahe ist.

*Materialprinzip: Verleiblichung*
Wie ist das in Jesus Christus gegebene Heil zu begreifen? Der Gedanke der Sichtbarkeit und Greifbarkeit des Heils führt zum »Materialprin-

zip« der römisch-katholischen Kirche. Versteht die orthodoxe Kirche das Heil in erster Linie als »Vergöttlichung«, so die römisch-katholische Kirche als »Verleiblichung«: Gott wird im Irdischen gegenwärtig. In Jesus Christus ist das ewige Wort Gottes Fleisch geworden (Johannes 1,14). Erhalten bleibt diese Verleiblichung Gottes in der Kirche mit ihrer Struktur, ihren Ämtern, Sakramenten und Segenshandlungen.

*Die Sakramente*

Das Heil wird in erster Linie durch die sieben Sakramente vermittelt. Sie begleiten die katholischen Christen sozusagen von der Wiege bis zur Bahre. Dabei verbinden sich das Formalprinzip »Kirche« und das Materialprinzip »Verleiblichung« oder Inkarnation. Denn die Kirche selbst ist das »Ursakrament«, aus dem sich die einzelnen Sakramente ergeben.[82]

Während nach reformatorischem Verständnis die Sakramente Taufe und Abendmahl Gestalten des Wortes Gottes sind, durch das die Kirche immer neu geschaffen wird, sind aus römisch-katholischer Sicht die sieben Sakramente in erster Linie Entfaltungen des »Ursakraments« Kirche: Die Kirche ist selbst Zeichen und Werkzeug des Heils. Als Heilsanstalt teilt sie die sakramentale Gnade aus.

Das Sakrament der Taufe gliedert in die Kirche ein. Zugleich wird die Erbsünde abgewaschen. Die Getauften sind damit freilich nicht sündlos. Doch können sie nun zur Gnade Gottes Ja sagen und auf dem Weg der Heiligung voranschreiten.

Das Sakrament der Firmung verleiht die Gnadengabe des Heiligen Geistes. Es wird vom Bischof gespendet, notfalls aber auch von einem Priester, den der Bischof damit beauftragt.

Die Eucharistiefeier ist »die Quelle und der Höhepunkt des ganzen christlichen Lebens«[83]. Sie ist die Gnadengabe, »aus der die Kirche immerfort lebt und wächst«[84]. Hier ist Christus im geweihten Brot und Wein in besonderer Dichte gegenwärtig. Die Eucharistie ist zugleich eine Opferhandlung. Jesus hat sich wegen der Sünden der Menschen ein für allemal am Kreuz zum Opfer dargebracht. Dieses zentrale Heilsgeschehen wird in jeder Eucharistiefeier dargestellt und vergegenwärtigt, indem sich die mit Christus eng verbundene Kirche in sein Opfer hineinnehmen läßt und somit sein Selbstopfer mitvollzieht.[85] Die Eucharistiefeier, zu der Wort und Sakrament als unverzichtbare Bestandteile gehören, ist die Vollform des Gottesdienstes. Damit hat sie den Vorrang vor dem »bloßen« Wortgottesdienst.

Nur im Sakrament der Buße wird die Sündenvergebung zugesagt und nicht nur erbeten. Das Bußsakrament wird im Fall »läßlicher« (leichter wiegender) Sünden empfohlen; im Fall von »Todsünden« (schweren Sünden) ist es sogar unerläßlich. Das Bußsakrament umfaßt drei Schritte: Reue; Beichte samt Zuspruch der Vergebung; Genugtuung (Satisfaktion). Die Genugtuung geht davon aus, daß mit der Sündenvergebung die Folgen der Sünde doch noch nicht ausgelöscht oder verschwunden sind. Diese Folgen sind wiedergutzumachen, und zwar auch über den Tod hinaus im Verlauf einer Läuterung. Durch den »Ablaß« können die Straffolgen der Sünde aber nachgelassen oder gar ganz erlassen werden.

Das Sakrament der Krankensalbung, früher »Letzte Ölung« genannt, ist eine Gnadengabe für die Schwerkranken.

Das Sakrament der Priesterweihe verleiht ein unauslöschliches Siegel (character indelebilis). Selbst ein laisierter, ein exkommunizierter und sogar ein vom Glauben abgefallener Priester kann die Sakramente gültig spenden, auch wenn er das nach dem Kirchenrecht nicht tun darf.

Die Ehe ist ein Sakrament, sofern es sich um eine Ehe zwischen zwei getauften Christen (auch solchen, die zu anderen Konfessionen gehören) und um eine »gültige« Ehe handelt. Die römisch-katholische Kirche spricht sich die Berechtigung und die Kompetenz zu, über die Gültigkeit oder Ungültigkeit von Ehen zu befinden, die nach bürgerlichem Recht geschlossen sind.[86] Hier zeigt sich: die Sakramente als Handlungen einer rechtlich geordneten und in göttlichem Recht verankerten Kirche haben selbst Rechtscharakter.

*Morallehre*

Auch in der Ethik, der Sittenlehre oder Morallehre, wird das Prinzip der Verleiblichung deutlich. Das erfahrene Heil führt – wie auch in den anderen Konfessionen – zu einer verbindlichen Lebensgestaltung.

Allerdings wird im Protestantismus den einzelnen Christen eher zugemutet, in Freiheit zu entscheiden, welche Gestalt »der Glaube, der durch die Liebe tätig ist« (Galater 5,6), annehmen soll. Möglicherweise sind viele Menschen durch diese Freiheit aber überfordert. Der römische Katholizismus kommt denen entgegen, die für ihre christliche Lebensführung Orientierung an konkreten kirchlichen Forderungen suchen – auch wenn sie sich dann doch die Freiheit nehmen, der kirchlichen Morallehre nur in Auswahl zu folgen.

*Mit Rom unierte Ostkirchen*

Zahlenmäßig wenig ins Gewicht fallen die mit Rom unierten Ostkirchen (»katholische Ostkirchen«).[87] Sie sind Ergebnisse der tausendjährigen Bemühungen Roms, die orthodoxe Kirche für die Gemeinschaft mit und unter dem Bischof von Rom zu gewinnen. Es handelt sich, von den Maroniten abgesehen, um »unierte Dubletten« zu den orthodoxen und altorientalischen Kirchen.[88]

Bei diesen »Uniaten«-Kirchen gilt genau dieselbe Glaubenslehre wie bei der Kirche des lateinischen Ritus. Die »Uniaten«-Kirchen haben ihre alten Liturgien und teilweise ein eigenes Kirchenrecht beibehalten können. So bestehen hinsichtlich der Priesterehe dieselben Vorschriften wie in der orthodoxen Kirche. Wo sich eine Kirche des lateinischen Ritus und eine unierte Kirche im selben Gebiet finden, haben sie nebeneinander eigene Gemeinden und gebietsüberschneidend verschiedene Diözesen. Der Codex Iuris Canonici, die Kirchenrechtsordnung von 1983, gilt nur für die Kirche des lateinischen Ritus. Was am Kirchenrecht aber »göttlichen Rechts« ist, ist für die Uniaten genauso verpflichtend, etwa die hierarchische Kirchenstruktur mit der Unterordnung unter den Papst. 1991 erhielten die mit Rom unierten Ostkirchen im »Codex Canonum Ecclesiarum Orientalium« ihr eigenes gesamtkirchliches Gesetzbuch.[89]

Bekannte Uniatenkirchen sind die Maroniten im Libanon und die seit 1595 bestehende unierte Kirche der Ukraine, die bis zum Verfall der Sowjetunion (1991) eine Untergrundkirche war und etwa 4–5 Millionen Mitglieder zählt.

Der unterschiedlichen liturgischen Tradition entsprechend gibt es fünf »Riten«:[90]

Byzantinischer Ritus. Dazu gehören etwa Unionskirchen in der Ukraine, in Ungarn und in Rumänien, ferner seit dem 18. Jahrhundert die Melkiten im Vorderen Orient.

Chaldäischer der ostsyrischer Ritus der ehemaligen Nestorianer. Hier sind vor allem die unierten Thomaschristen in Indien zu nennen.

Alexandrinischer Ritus der unierten Kopten und Äthiopier.

Antiochenischer oder westsyrischer Ritus. Dazu gehören vor allem die seit 1182 dem Papst unterstellten Maroniten.

Armenischer Ritus für die mit Rom unierten Armenier. Sie befinden sich vor allem im Libanon, in Syrien, im Iran und in der Türkei.

*Statistik*

Die römisch-katholische Kirche ist weltweit in etwa 2600 Diözesen gegliedert, mit Bischofskonferenzen in den einzelnen Ländern. Sie umfaßt im lateinischen Ritus über 900 Millionen Mitglieder. Dazu kommen rund 12 Millionen Mitglieder der mit Rom unierten Ostkirchen.

# 6. Reformatorische Kirchen

## *6.1 Grundsätzliches*

Der dritte große Block von Konfessionsverwandten weist die größte Vielfalt auf. Es handelt sich erstens um die Konfessionsfamilien, die sich im Verlauf der abendländischen Reformationsbewegung des 16. Jahrhunderts aus der Rechtsgewalt Roms gelöst haben, samt den spätmittelalterlichen Erneuerungsbewegungen, die in diesen Konfessionsfamilien aufgegangen sind, und zweitens handelt es sich um spätere Abzweigungen oder Verselbständigungen aus den reformatorischen Konfessionsfamilien des 16. Jahrhunderts.

*Verselbständigungen*

Daß sich die evangelisch-lutherischen und die evangelisch-reformierten Christen aus der kirchlichen Rechtsgewalt Roms loslösten, folgte aus einer Erneuerung vom Wort Gottes her, das in der Bibel schriftlichen Niederschlag gefunden hat. Die abendländische »Kirchenspaltung« ergab sich bei ihnen also daraus, daß sie alle kirchliche Lehre und Sitte am Wort Gottes messen wollten, während die »Altgläubigen« auf den Gehorsam gegenüber dem Papst pochten.

Bei der Kirche von England (Church of England), der Mutterkirche aller Anglikaner, war die Loslösung von der Jurisdiktion (Rechtsgewalt) Roms dagegen der erste Schritt. Dies gehört in den Rahmen nationalkirchlicher Tendenzen, die auch als »Gallikanismus« in Frankreich, später als »Jansenismus« in Holland und im 19. Jahrhundert in reformkatholischen Kreisen in Deutschland zu beobachten waren. Erst danach erfolgte auch eine Erneuerung aus dem Evangelium.

Im Bereich der lutherischen und der reformierten Reformation verselbständigten sich täuferische Gemeinden, die oft polemisch als »Wiedertäufer« bezeichnet wurden. Als Nachfahren der Täufer des 16. Jahrhunderts verstehen sich die Mennoniten, die Baptisten und die Disciples of Christ.

Zwei weitere Stränge der reformatorischen Bewegung sind zu nennen: Einmal spiritualistische Gruppen, die auf kirchliche Gestaltwerdung keinen besonderen Wert legten; in ihrer Tradition stehen vor allem die Quäker. Zum anderen freisinnig-humanistische Gemeinden; sie leben in den christlichen Unitariern fort, die im Gefolge der Antitrinitarier die Lehre von der Dreieinigkeit Gottes ablehnen, und in den niederländischen Remonstranten, die zugleich in die reformierte Tradition gehören.

Der Prozeß der Verselbständigung ging auch später weiter. Von den Anglikanern lösten sich die Methodisten, von diesen die Heilsarmee. Da sich etliche Lutheraner und Reformierte im 19. Jahrhundert in Deutschland zu einer »Union« zusammenschlossen, gab es nun zusätzlich Evangelisch-Unierte. Darbysten, Freie evangelische Gemeinden, Adventisten und Pfingstgemeinden sind auf dem Boden verschiedener protestantischer Konfessionskirchen entstanden.

Die Waldenser und die Hussiten oder Böhmischen Brüder, die sich schon im Mittelalter verselbständigt hatten, flossen in den neuzeitlichen Protestantismus ein. Die Böhmischen Brüder sind Vorläufer der Evangelischen Brüder-Unität, die zum Teil auch aus dem Luthertum erwachsen ist.

Dieses Bild protestantischer Vielfalt ist zu ergänzen durch Unionskirchen, die sich im 20. Jahrhundert organisiert haben, und durch unabhängige afrikanische Kirchen wie die Kimbanguisten, die eine charismatisch-pfingstlerische Frömmigkeit zeigen und denen die Fragestellungen der Reformation des 16. Jahrhunderts nicht vertraut sind.

*Vielfalt*

Die Vielfalt im Protestantismus zeigt sich in verschiedener Hinsicht.

Die Bandbreite der Grundpositionen reicht vom Fundamentalismus über eine gemäßigtkonservative Haltung und eine Liberalität bis hin zum Radikalismus.

Es gibt Kirchen mit bischöflicher (episkopaler) Leitung. Andere Kirchen sind synodal-presbyterial verfaßt: Sie werden auf der Ebene der örtlichen Kirchengemeinde von einem Presbyterium (Kirchengemeinderat) geleitet, auf der Ebene der Landeskirche oder nationalen Kirche von einem Kirchenparlament, der Synode. Wieder andere

Kirchen haben eine kongregationalistische Verfassung. Hier sind die örtlichen Kirchengemeinden unter dem Dach des Gemeindeverbandes weitgehend selbständig.

Dazu kommt die Vielfalt der Gottesdienstformen: von der liturgisch reichhaltigen Eucharistiefeier über nüchterne Wortgottesdienste bis hin zu charismatischen Feiern, bei denen vieles spontan geschieht und die Menschen auch mit leiblichen Äußerungen und Gesten beteiligt sind.

Es lassen sich neben reformatorischen Kirchen »protestantischen Typs«, welche die Heilige Schrift und das Priestertum aller Glaubenden oder Getauften betonen, auch solche »katholischen Typs« ausmachen, also Kirchen mit Anspruch auf die apostolische Sukzession der Bischöfe und mit feierlicher Liturgie, vor allem die Anglikaner und die skandinavischen Lutheraner.

Im Grundbestand der Lehre sind die Familienähnlichkeiten unter den reformatorischen Konfessionsverwandten weit größer, als aufgrund all der sonstigen Verschiedenheiten zu vermuten wäre. Zwischen den meisten reformatorischen Konfessionsfamilien und Denominationen wird eucharistische Gastfreundschaft praktiziert. Der gegenseitige Abendmahlsbesuch ist also möglich, auch wo er nicht amtlich erklärt ist. Eine Ausnahme bilden hier etwa die »Alt-Lutheraner«, die sogar den Mitgliedern der meisten lutherischen Kirchen die Abendmahlsgemeinschaft verweigern.

*Reformatorisch, evangelisch, protestantisch*

Die reformatorischen Konfessionsfamilien werden auch »evangelisch« und »protestantisch« genannt. »Reformatorisch« enthält den Anspruch, Kirche zu sein, die durch das Wort Gottes erneuert ist und sich immer neu vom Wort Gottes in Frage stellen und zur Sache rufen läßt. »Die Kirche ist ständig zu erneuern« (ecclesia semper reformanda), lautet ein reformatorischer Grundsatz, der in dieser Formulierung seit dem 17. Jahrhundert belegt ist.

»Evangelisch« heißt, auf das Evangelium von Jesus Christus bezogen zu sein und ihm im Leben entsprechen zu wollen. »Protestantisch« klingt nach Protest. In erster Linie bedeutet es aber (im Sinn des lateinischen Verbs pro-testari) »Zeugnis ablegen für« das Wort Gottes. Erst in zweiter Linie heißt es dann auch, vom Wort Gottes her

Einspruch zu erheben gegen alles, was dem Willen und dem wahren Wesen Gottes zuwiderläuft.

Wie die katholischen Kirchen beanspruchen auch die reformatorischen Kirchen, in der »apostolischen Sukzession«, der Amtsnachfolge der Apostel zu stehen. Diese verstehen sie aber nur selten auch als lückenlose Kette der Amtsübertragung von einem Bischof zum andern. Sie deuten die apostolische Sukzession in erster Linie als »apostolische Tradition«, nämlich als Weitergabe des unverfälschten Evangeliums von Jesus Christus.[91]

*Gottesdienst*

Die evangelischen Gottesdienste sind ihrer Form nach an der Bibel ausgerichtet. Der liturgische Schwerpunkt im Verlauf des Predigtgottesdienstes oder Wortgottesdienstes ist die Predigt. Sie bildet auch, neben den Einsetzungsworten des Abendmahls und der Kommunion, einen der Schwerpunkte der »Eucharistie«, wie der Gottesdienst mit Predigt und Abendmahl jetzt auch in den evangelischen Kirchen häufig genannt wird.

Die evangelische Predigt hat die Aufgabe, die Grundgedanken der biblischen Botschaft insgesamt und speziell die Absichten und die Aussagen eines bestimmten Bibeltextes in die Gegenwart und die Lebenswelt der Gottesdienstbesucher zu übersetzen. Diese werden zur Umkehr gemahnt, und ihnen wird die Gemeinschaft mit Gott und die Vergebung der Schuld zugesprochen.

Inhaltlicher Mittelpunkt des evangelischen Gottesdienstes ist das Wort Gottes. Das »Wort Gottes« ist nicht identisch mit allen Wörtern der Bibel. Die Heilige Schrift, die Bibel, ist Gefäß, Vehikel, Instrument des Wortes Gottes. Sie dient einem personalen Geschehen: daß Gott selbst uns mit seiner Forderung und seiner Verheißung anspricht.

Bei der Einweihung der Schloßkirche zu Torgau im Jahr 1544 nannte Martin Luther als das Entscheidende beim Gottesdienst, »daß nichts anderes darin geschehe, als daß unser lieber Herr selbst mit uns rede durch sein heiliges Wort und wir wiederum mit ihm reden durch unser Gebet und Lobgesang«[92]. Dann aber ist es nur von zweitrangiger Bedeutung, ob der Gottesdienst am Sonntag und an den kirchlichen Festtagen als Predigtgottesdienst oder als Eucharistiefeier gehalten wird. Nicht die verbale oder sakramentale Gestalt des Gottesdienstes ist ausschlaggebend, sondern das Wort Gottes, welches im Gottesdienst bezeugt, gehört und angenommen wird. In der römisch-katholischen Kirche und in den Ostkirchen dagegen gilt nur die Eucharistiefeier als »Vollgottesdienst«.

Auch im Protestantismus kann nicht auf das Heilige Abendmahl verzichtet werden. Nach Martin Luthers Schmalkaldischen Artikeln von 1537 gibt das Evangelium nicht nur »auf eine Art Rat und Hilfe gegen die Sünde; denn Gott ist überschwenglich reich in seiner Gnade. Erstens durchs mündliche Wort, worin Vergebung der Sünde in aller Welt gepredigt wird; das ist das eigentliche Amt des Evangeliums. Zweitens durch die Taufe. Drittens durch das heilige Sakrament des Altars (Abendmahl). Viertens durch die Schlüsselgewalt und auch per mutuum colloquium et consolationem fratrum (durch die gegenseitige brüderliche Aussprache und Tröstung)«[93].

*Umgang mit der Bibel*

Auch für Frömmigkeit und Glaubensleben der evangelischen Christen hat die Heilige Schrift eine besondere Bedeutung. Die jungen Menschen bekommen bei der Konfirmation eine Bibel überreicht. Bei der kirchlichen Trauung schenkt die Kirchengemeinde im allgemeinen eine Traubibel. Der Konfirmationsspruch begleitet evangelische Christen durch das weitere Leben, ebenso der Trauspruch die Eheleute.

Protestanten, die es mit ihrem Glauben ernst meinen, lesen regelmäßig in der Bibel und denken betend über ein Bibelwort nach. Wird regelmäßig in der Bibel gelesen, so führt das zu geistlicher Mündigkeit und theologischer Urteilsfähigkeit. Eine Hilfe zur Bibelmeditation ist etwa das seit 1731 jährlich erscheinende Losungsbuch der Brüdergemeine, das für jeden Tag eine alttestamentliche »Losung« und einen neutestamentlichen »Lehrtext« bietet. Es ist im deutschen Sprachraum weit verbreitet. Angeboten wird auch eine fortlaufende Bibellese, die im Verlauf einiger Jahre einen Durchgang durch die Bibel vermittelt.

Als eine der größten Leistungen Martin Luthers gilt seine Übersetzung der Heiligen Schrift in die deutsche Sprache in den Jahren 1521 bis 1534. Die erst ein halbes Jahrhundert zuvor durch Johann Gutenberg erfundene Buchdruckerkunst ermöglichte eine weite Verbreitung der deutschen Bibel. Von Luthers Bibelübersetzung ist die moderne deutsche Hochsprache wesentlich geformt worden.

Luther und seine Mitarbeiter förderten die Bildung des Volkes, indem sie die allgemeine Schulpflicht forderten. Damit wollten sie vor allem erreichen, daß alle Christen befähigt werden, selbst in der Bibel zu lesen. Man muß dabei im Auge haben, daß Luther selbst zum erstenmal im Alter von zwanzig Jahren als Student eine Bibel in der Hand hatte, und zwar in der lateinischen Fassung der Vulgata. Auch in anderen Ländern ging die Reformation mit der Übersetzung der Bibel einher.

*Formalprinzip: Bibel (»allein die Heilige Schrift«)*

Gemeinsam ist allen reformatorischen Kirchen die Hochschätzung der Heiligen Schrift: sie ist die maßgebende Glaubensquelle. Willem Adolf Visser't Hooft, der erste Generalsekretär des Ökumenischen Rates der Kirchen, hat Protestantismus und römischen Katholizismus so charakterisiert, daß »das Hauptanliegen der reformatorischen Kirchen immer darin bestanden hat, den Menschen die Bibel zu bringen und die Menschen zur Bibel zu führen, während es der römisch-katholischen Kirche immer vornehmlich darum ging, die Einheit der Kirche in Raum und Zeit zu bewahren«[94].

Wer oder was vermittelt uns in erster Linie die Gottesoffenbarung in Jesus Christus? »Allein die Heilige Schrift« (sola scriptura) lautet das »Formalprinzip« des Protestantismus. Die Bibel ist Glaubensquelle und Maßstab für die christliche Botschaft und Verkündigung. Klassisch ist das formuliert in der letzten lutherischen Bekenntnisschrift, der Konkordienformel von 1577: »Wir glauben, lehren und bekennen, daß die einzige Regel und Richtschnur, nach der in gleicher Weise alle Lehren und Lehrer (in der Kirche) gerichtet und beurteilt werden sollen, alleine die prophetischen und apostolischen Schriften des Alten und Neuen Testaments sind ... Andere Schriften aber alter und neuerer Lehrer (der Kirche), welche Namen auch immer sie haben, sollen der Heiligen Schrift nicht gleichgestellt, sondern ihr alle miteinander unterworfen werden, und sie sollen als etwas anderes nicht angenommen werden, als als Zeugen dafür, in welcher Weise und an welchen Orten nach der Zeit der Apostel jene Lehre der Propheten und Apostel bewahrt wurde.«[95]

Das reformatorische Formalprinzip »allein die Heilige Schrift« steht dem orthodoxen Formalprinzip (in der Liturgie zusammengefaßte kirchliche Überlieferung) und dem römisch-katholischen Formalprinzip (in ihrem Lehramt repräsentierte Kirche) gegenüber. In irgendeiner Weise hängen freilich alle drei Formalprinzipien miteinander zusammen. »Die Heilige Überlieferung, die Heilige Schrift und das Lehramt der Kirche« sind miteinander so verknüpft, »daß keines ohne die anderen besteht«, wie das Zweite Vatikanische Konzil feststellt.[96] Doch welche dieser Instanzen gibt im Zweifelsfall den Ausschlag?

Es wäre verkehrt, wollte man in Glaubensfragen nur die Heilige Schrift und sonst gar nichts wichtig nehmen. Wer 2000 Jahre Kirchengeschichte überspringen will, gibt sich einer Illusion hin. Die Bibel ist das Buch der Kirche. Sie ist zu uns gekommen in der fortwährenden Auslegung der Kirche, in gottesdienstlicher Verkündigung, katechetischer Unterweisung und theologischer Forschung. Sie ist in ihrem Umfang von der Kirche des 4. Jahrhunderts festgelegt worden, während es zuvor nicht ganz klar gewesen war, welche Schriften definitiv zur Heiligen Schrift gehören. Das bedeutet freilich keine Verfügung der Kirche oder eines wie auch immer gearteten kirchlichen Lehramtes über die Bibel. Vielmehr hat die Alte Kirche in eben jenen Schriften, die zusammen unsere Heilige Schrift ausmachen, das verbindliche Wort Gottes, die Anrede Gottes, vernommen. Kirchliche Lehre und Verkündigung sowie theologische Lehrmeinungen sind nach evangelischer Überzeugung immer an der Bibel zu messen.[97]

Von römisch-katholischer Seite wird dem protestantischen Formalprinzip »allein die Heilige Schrift« entgegengehalten, ohne die verbindliche Auslegung der Bibel durch das kirchliche Lehramt werde einem Wildwuchs in Lehre und Verkündigung Vorschub geleistet. Schließlich stehe Widersprüchliches in der Bibel, und ohne einen kirchlichen Filter könne jeder aus ihr herauslesen, was ihm ins Konzept passe. Luther hat dagegen in seiner Schrift »Vom unfreien Willen« (»De servo arbitrio«) aus dem Jahr 1525 auf die »Klarheit der Heiligen Schrift« verwiesen, auf ihre Einsichtigkeit, Einsehbarkeit und Verständlichkeit aus sich selbst heraus.[98]

Aus der Regel »die Heilige Schrift legt sich selber aus« (»sacra scriptura sui ipsius interpres«) ergab sich als eine Folge oder Nebenfrucht die wissenschaftliche, historisch-kritische Bibelauslegung. Sie hat sich allen innerkirchlichen Widerständen zum Trotz durchgesetzt und wird heute auch von Theologen anderer Konfessionen praktiziert. Es ist eine in der Religionsgeschichte einzigartige Leistung des Protestantismus gewesen, die eigenen Glaubensquellen kritisch zu erforschen und dabei doch gläubig zu bleiben, also die Autorität dieser Glaubensquellen nicht zu untergraben, sondern sie erst recht zum Leuchten zu bringen. Sicher ist damit noch keine einheitliche kirchliche Lehre gewährleistet. Wie sonst in der Wissenschaft gibt es auch in der Auslegung der Bibel manche unterschiedlichen Vermutungen und Theorien zu Einzelproblemen. Zudem wäre es unerträglich, sollte der Glaube von den Ergebnissen der immer vorläufigen Wissenschaft abhängig sein.

Martin Luther hat außer von der »äußeren Klarheit der Heiligen Schrift«, nämlich ihrem mit Hilfe der Vernunft zu erfassenden Sinn, auch von ihrer »inneren Klarheit« geredet. Hier geht es um die Wahrheitsfrage. Man kann die Aussage eines Textes in der Weise verstehen, daß man weiß, was ursprünglich gemeint gewesen ist. Etwas anderes ist es, von der Wahrheit dieser Aussage überzeugt zu sein. Daß die biblische Botschaft auch tatsächlich den Anspruch und Zuspruch des lebendigen Gottes an uns enthält, daß uns in ihr also »Wort Gottes« begegnet, wird uns, wie der Reformator Johannes Calvin (1509–1564) sagte, durch das »innere Zeugnis des Heiligen Geistes« (testimonium spiritus sancti internum) klar. Das Bibelwort und auch das die Bibel auslegende Wort der Verkündigung, die »lebendige Stimme des Evangeliums« (»viva vox evangelii«) wird für uns zum Wort Gottes, sofern der Heilige Geist in uns den Glauben wirkt. Der Heilige Geist bedient sich des biblischen Wortes als eines Mediums. Ohne den Heiligen Geist bleibt dieses Wort für uns ein bloßes Dokument der Religionsgeschichte, letztlich also toter Buchstabe.

Nun finden sich im Protestantismus auch Strömungen, in denen der Geist gegenüber dem Bibelwort so sehr betont wird, daß das »äußere Wort« der Heiligen Schrift und der auf ihr fußenden Verkündigung zurücktritt zugunsten des »inneren Wortes« einer »unmittelbaren«

Glaubenserfahrung. Solcher Spiritualismus ist vom Hauptstrom des Protestantismus aus nicht als orthodox (als Ausdruck rechter Lehre), sondern als »heterodox« (eigenwillig), bei extremen Erscheinungsformen sogar als »häretisch« (als Irrlehre) zu beurteilen. Immerhin erinnert der Spiritualismus den auf dem Formalprinzip »allein die Heilige Schrift « beharrenden Protestantismus daran, daß dem äußeren Bibelwort eine innere Erfahrung entsprechen oder folgen muß. Sonst kann das Bibelwort nicht die bestimmende Leitlinie für unser Denken, Handeln und Fühlen sein.

*Wort Gottes*

Die Bibel ist für Christen das Lebensbuch schlechthin, weil in ihr »Wort Gottes« festgehalten ist. Dabei ist das »Wort Gottes« nicht mit den Büchern, Kapiteln und Versen der Bibel von ihrer ersten bis zu ihrer letzten Seite einfach gleichzusetzen. Es gilt auch von der Bibel, daß wir den Schatz des Evangeliums »in irdenen Gefäßen« haben (2. Korinther 4,7). Im umfassenden Sinn ist Wort Gottes die Anrede Gottes an uns, indem er sich uns in seinem wahren Wesen bekannt macht.

Nach Karl Barth (1886–1968) gibt es drei Grundgestalten des Wortes Gottes:[99] Zunächst Jesus Christus selbst. Er ist das menschgewordene Wort Gottes (Johannes 1,1–18). Sodann die Heilige Schrift als das grundlegende, maßgebende und authentische (echte, zuverlässige) Zeugnis von Jesus Christus. Schließlich die kirchliche Verkündigung, das gegenwärtige Zeugnis von Jesus Christus.

In die Verkündigung sind die Sakramente Taufe und Abendmahl einbezogen. Sie sind nach Augustin »sichtbares Wort« (verbum visibile). Umgekehrt kann in der evangelischen Theologie die Predigt als »hörbares Sakrament« (sacramentum audibile) bezeichnet werden. Auch die Sakramente vermitteln den Zuspruch und Anspruch Gottes, und zwar in der Form von »Wortzeichen« (Johannes Brenz), von Zeichenhandlungen, die durch das Wort gedeutet werden.

*Gesetz und Evangelium*

Im lutherischen Protestantismus werden »Gesetz und Evangelium« als die beiden Pole des Wortes Gottes unterschieden: Gebot und Verheißung, Forderung und Zusage der Liebe, unbedingte Verantwortung und bedingungsloses Angenommensein, Anspruch und Zuspruch, »Leben unter dem Doppelvorzeichen von ernster Pflicht und unverdientem Beschenktsein«[100].

Das Gesetz als die Forderung Gottes, das Gute zu tun, begegnet in der Bibel zentral in den Zehn Geboten und in der Bergpredigt, sowie in den Mahnungen der Propheten und der neutestamentlichen Briefe. Es ist aber nicht auf die biblische Offenbarung eingeschränkt, sondern jedem Menschen in seinem Gewissen zugänglich (Römer 2,11–15). Nach Martin Luther gewährleistet Gottes Gebot zunächst das elementare menschliche Zusammenleben. In dieser Hinsicht kann der Mensch dem Gebot Gottes einigermaßen entsprechen und muß, falls er sich verweigern will, doch dazu gezwungen werden. In einem tieferen Sinn hält uns Gottes Gebot den Spiegel vor und zeigt uns das eigene Ungenügen gegenüber dem Gebot der Liebe, das unser ganzes Denken, Handeln und Empfinden beansprucht. So werden wir empfänglich für das Evangelium.

Dieses Evangelium ist die frohe Botschaft von Gottes Barmherzigkeit, und damit auch und vor allem die Zusage Gottes, uns die Schuld zu vergeben. Die Schuld besteht darin, daß wir dem Willen Gottes nicht entsprochen und uns von Gott abgekehrt haben.

Im lutherischen Protestantismus ist in Verkündigung und Lehre die Reihenfolge »Gesetz und Evangelium« üblich. Der reformierte Protestantismus bevorzugt die Reihenfolge »Evangelium und Gesetz«: Auf den Glauben haben Früchte des Glaubens zu folgen, auf die »Rechtfertigung« derer, die gottlos gewesen sind und dann auf Gottes Barmherzigkeit vertraut haben, folgt deren »Heiligung«. Es handelt sich hier nicht um Gegensätze, die sich ausschließen. Die Bewegung des Glaubens kennt nämlich beide Richtungen: vom Gebot zur Verheißung und von der Verheißung zum Gebot.

*Materialprinzip:*
*Rechtfertigung allein aus Gnade (die Verheißung Gottes)*

Was ist die Gabe des Heils? Wie ist das neue Verhältnis des Menschen zu Gott zu beschreiben? Das »Materialprinzip« des Protestantismus ist mit dem Begriff »Wort Gottes« schon angedeutet. Es wird häufig zusammengefaßt in den drei Leitworten »Allein Jesus Christus – allein aus Gnade – allein durch den Glauben« (solus Christus, sola gratia, sola fide). Damit ist gesagt: Wir werden mit Gott versöhnt, wir finden die Erfüllung unseres irdischen Daseins und ewiges Leben einzig und allein durch Gottes Gnade. Sie begegnet uns in eindeutiger und endgültiger Weise in Jesus Christus: in seiner Verkündigung, seinem Verhalten, seiner Lebenshingabe bis zum Tod am Kreuz und in seiner Auferstehung. Diese Gnade Gottes wird im Glauben empfangen, also im Vertrauen auf Gottes Güte.

Das protestantische Materialprinzip wird im Anschluß an Paulus als »Rechtfertigung« bezeichnet, häufig mit ergänzenden Bestimmungen wie »Rechtfertigung des Sünders«, »Rechtfertigung des Gottlosen«, »Rechtfertigung allein aus Gnade durch den Glauben«. In Artikel 4 des Augsburger Bekenntnisses von 1530 hat die Rechtfertigungslehre ihre klassische Formulierung gefunden: »Weiter wird gelehrt, daß wir Vergebung der Sünde und Gerechtigkeit vor Gott nicht durch unser Verdienst, Werk und Genugtuung erlangen können, sondern daß wir Vergebung der Sünde bekommen und vor Gott gerecht werden aus Gnade um Christi willen durch den Glauben, (nämlich) wenn wir glauben, daß Christus für uns gelitten hat und daß uns um seinetwillen die Sünde vergeben, Gerechtigkeit und ewiges Leben geschenkt wird. Denn diesen Glauben will Gott als Gerechtigkeit, (die) vor ihm (gilt), ansehen und zurechnen«.[101]

Martin Luther rang im Kloster jahrelang mit der Frage »Wie bekomme ich einen gnädigen Gott?«. In unerbittlicher Selbstkritik mußte er sich die Fähigkeit absprechen, auch nur in geringem Ausmaß der Gnade Gottes würdig zu sein. Das führte ihn zum Gefühl, vor Gott verloren und von Gott verdammt zu sein. Er war verzweifelt. Bußübungen und strenger Lebenswandel änderten nichts daran, daß er Gott nicht von Herzen lieben konnte. Beim Studium der Heiligen Schrift ging ihm an Römer 1,16–17 auf, daß »Gerechtigkeit Gottes« nicht Gottes unerbittliche, gnadenlose Vergeltung bedeutet, sondern seine Güte, in der er uns ohne unser Verdienst für gerecht erklärt. »Gerechtigkeit Gottes« ist »die Gerechtigkeit, die vor Gott gilt«, auch wenn der biblische Begriff der »Gerechtigkeit Gottes« zugleich besagt, daß Gott sein Recht, seinen heilsamen Willen durchsetzen wird.

Mit dieser Konzentration auf die »Rechtfertigung allein aus Gnade« wird von der Fülle der biblischen Botschaft nichts weggelassen oder abgestrichen. Sie wird aber unter dem Gesichtspunkt bedacht, was sie »für uns«, also für unser Heil, unsere Seligkeit bedeutet. Der Vorgang der Rechtfertigung ist nicht abhängig von den rechtlichen Vorstellungen, in die sie bei Paulus und den Reformatoren gekleidet ist, auch wenn diese Vorstellungen einen unverzichtbaren Aspekt des Wortes Gottes unterstreichen: Wir haben uns vor Gott zu verantworten. Dabei haben wir den Schuldspruch verdient. Wir werden aber um Jesu Christi willen unverdienterweise freigesprochen, sofern wir Gott ernsthaft suchen und nicht auf unseren eigenen Verdiensten beharren.

Das Evangelium drückt sich aber auch in anderen Vorstellungen aus; etwa personal als Liebe Gottes zum Menschen; sozial als Reich Gottes, das wir vor uns haben und zu dem wir jetzt schon gehören dürfen; ontologisch (seinshaft) als »Neue Kreatur« oder »Neue Schöpfung«, an der wir in Jesus Christus Anteil bekommen. Die Rechtfertigungsbotschaft widerspricht dem heute üblichen Leistungsdenken, wonach nur jene Menschen etwas wert seien, die tüchtig sind und die es zu Ansehen, Erfolg und Besitz »bringen«. Demgegenüber hängt der Wert unseres Lebens gerade nicht daran, was wir durch Können, Fleiß und Durchsetzungskraft erreichen. Die Versager, die Behinderten, die Kranken, die Schwachen sind vor Gott genausoviel wert. Der Wert unseres Lebens hängt an Gottes Güte.

Haben wir das Materialprinzip der Ostkirchen mit »Vergöttlichung«, das der römisch-katholischen Kirche mit »Verleiblichung« gekennzeichnet, so können wir das des Protestantismus unter dem Stichwort »Verheißung« zusammenfassen.

»Verheißung« bedeutet: Gott spricht uns frei und befreit uns von dem, was uns belastet. Damit nimmt er uns in seine Gemeinschaft auf. Die »Verheißung« widerspricht der Sache nach weder der »Vergöttlichung« in den Ostkirchen noch der »Verleiblichung« in der römisch-katholischen Kirche. »Vergöttlichung« ist uns verheißen in dem Sinn, daß wir jetzt schon und dann in der Vollendung jenseits des Todes zum Reich Gottes gehören dürfen. »Verleiblicht« hat sich die Verheißung insofern, als das Wort Gottes in Jesus von Nazareth ungetrübt, eindeutig menschliche Gestalt angenommen hat. »Verleiblichen« will sich die Verheißung Gottes in unserem Leben, indem unser Glaube »gute Früchte« bringt (Matthäus 7,16–20).

*Rechtfertigung und Kirche*

In der Rechtfertigungslehre als solcher muß es heute keine erheblichen Unterschiede zwischen reformatorischer und römisch-katholischer Auffassung geben.[102] Deutliche Differenzen zeigen sich aber bei der Frage, was die Rechtfertigungslehre für das Kirchenverständnis bedeutet. Die Kirche ist nach evangelischer Überzeugung »Geschöpf des Wortes Gottes« (creatura Verbi) und Gemeinschaft der Glaubenden. Der Glaube der einzelnen Christen und die Gemeinschaft der Glaubenden verdanken sich dem Wort Gottes. Die einzelnen Christen werden laufend vor Gott schuldig und bedürfen stets der Vergebung. Sie sind also »Sünder und gerechtfertigt zugleich« (simul iustus et peccator). Eben dies gilt auch für die Kirche als die Gemeinschaft der Glaubenden. Ist die Kirche sündig, so ist sie, wie alle einzelnen Christen, auch fehlbar.

An diesem Punkt sind in den Anfängen der Reformation scharfe Gegensätze aufgebrochen. Bei der Leipziger Disputation 1519 erklärte Luther, daß sich auch Konzilien irren können. Vor Kaiser und Reichsständen sagte er auf dem Reichstag zu Worms 1521: »Weder dem Papst noch den Konzilien allein glaube ich, da es am Tage ist, daß sie öfter geirrt und sich selbst widersprochen haben.«[103]

Sind ihre höchsten irdischen Repräsentanten nicht unfehlbar, so ist die Kirche als ganze auch nicht unfehlbar, nicht von vornherein dem Irrtum enthoben. Das Sündersein und die Irrtumsfähigkeit der Kirche führen aber nicht zur Unsicherheit in Glaubensfragen. Unfehlbar ist allein der dreieinige Gott selbst. Das von ihm ausgehende Wort ist untrügliche Wahrheit. Darauf darf sich die Kirche verlassen. Auf dieses Wort hat sie zu hören. Um das angemessene Verständnis dieses Wortes hat sie sich zu mühen. Dann kann sie sich auf die biblische Verheißung verlassen: »Wenn aber jener, der Geist der Wahrheit, kommen wird, wird er euch in alle Wahrheit leiten« (Johannes 16,13).

*Die Kirche*

Die Kirche ist die Gemeinschaft der Glaubenden. Doch schöpfen offensichtlich nicht alle getauften Kirchenmitglieder ihren Lebensmut und ihre Leitlinien für ihr Handeln aus dem Wort Gottes. Zudem können wir niemandem ins Herz schauen. Die »wahre Kirche«, die Gemeinschaft der wahrhaft Glaubenden, ist zwar inmitten der sichtbaren Kirche zu finden, in der das Wort verkündigt und die Sakramente gespendet werden. Aber die wahre Kirche ist mit der sichtbaren Kirche nicht deckungsgleich.

Zwischen der sichtbaren, organisierten, institutionalisierten Kirche, zu der alle gehören, die nach den Kriterien der einzelnen Kirchen eben »Kirchenmitglieder« sind, und der wahren, aber verborgenen Kirche »in, mit und unter« der sichtbaren Kirche ist zu unterscheiden. Die wahre, verborgene Kirche findet sich nach evangelischer Überzeugung überall dort, wo das Wort Gottes bezeugt und geglaubt wird. Keine der nebeneinander bestehenden sichtbaren Kirchen kann für sich selbst Absolutheit oder Alleingültigkeit beanspruchen.

*Lehrautorität*

Wer ist in der Kirche befugt, das Wort Gottes verbindlich und vollmächtig auszulegen? Diese Frage nach der Lehrautorität oder dem Lehramt wird in den reformatorischen Kirchen anders beantwortet als in der römisch-katholischen Kirche. Kirchenleitende Geistliche, ob mit oder ohne den Bischofstitel, haben keine im Zweifelsfall exklusive, alleinige, andere ausschließende Zuständigkeit für die gültige christliche Lehre. Und die ordinierten Geistlichen sind nicht als einzige fähig und zuständig, die Sakramente zu spenden.

Grundsätzlich sind alle Christen für die angemessene und verbindliche christliche Lehre zuständig. Der ganzen Kirche als der Gemeinschaft der Glaubenden sind Verkündigung und Lehre anvertraut. Zwar beauftragen je nach Kirchenverfassung die Regionalkirchen (Diözesen, Landeskirchen) oder die örtlichen Kirchengemeinden einzelne, dazu ausgebildete und besonders befähigte Christen mit der öffentlichen Verkündigung und der Spendung der Sakramente. Doch ist nicht garantiert, daß die ordinierten Amtsträger und die kirchlichen Leitungsgremien das Wort Gottes immer unverfälscht ausrichten. Die Gemeindemitglieder haben selbst zu prüfen, was das Wort Gottes besagt. Sie dürfen ihre eigene Glaubenserkenntnis einbringen, im Hören auf die Heilige Schrift und auf die Mitchristen. So ist im

Protestantismus im gemeinsamen Nachdenken über das Wort Gottes nach der Grundübereinstimmung im Glauben (dem »magnus consensus«) zu suchen. Dieser Konsens mag sich dann in Bekenntnisformulierungen, Glaubensgrundsätzen oder Konkordien niederschlagen.

*Allgemeines Priestertum*

An die Stelle eines grundsätzlichen Gegenübers von Geistlichen (Klerus) und Laien tritt im Protestantismus der Grundsatz des »allgemeinen Priestertums der Gläubigen« (oder Getauften). Die einzelnen Christen dürfen und sollen das Evangelium bezeugen, »die Geister prüfen« (1. Korinther 12,10; 1. Johannes 4,1), sich gegenseitig mahnen und trösten und sich auch gegenseitig die Vergebung der Schuld zusprechen.

Die Kirchenordnungen der reformatorischen Kirchen sind unterschiedlich verfaßt: die anglikanische Kirche etwa ist bischöflich geordnet; die lutherischen und reformierten Kirchen haben synodal-presbyteriale Leitungen; die Baptisten sind kongregationalistisch, d. h. in weitgehend selbständigen Ortsgemeinden organisiert. Aber immer tragen »Laien« Mitverantwortung, in der örtlichen Gemeindeleitung sowie, auf regionaler und nationaler Ebene, in der übergreifenden Kirchenleitung.

*Frömmigkeit*

Mit dem Grundsatz des »allgemeinen Priestertums« hängen schließlich drei Merkmale zusammen, die für die Frömmigkeit und die Lebenswirklichkeit im Protestantismus typisch sind und die darüber hinaus allgemeine christliche Gültigkeit beanspruchen: die »Freiheit eines Christenmenschen«, die Wahrhaftigkeit und die Weltoffenheit.

Christliche Freiheit bedeutet: Wir brauchen uns nicht mehr um den bleibenden Wert unseres Lebens, um unser Heil zu sorgen. Damit ist das Leistungsdenken, die »Werkgerechtigkeit« hinfällig geworden. Wir können und müssen nicht unseren endgültigen Daseinssinn selbst zustande bringen. Die Freiheit in Christus befähigt zur Liebe (Galater 5,6). Wie diese Liebe in den einzelnen Lebenssituationen Gestalt annimmt, kann nicht vorweg genau festgelegt werden, sondern ergibt sich in mündiger Entscheidung und verantwortlichem Handeln.

Christliche Wahrhaftigkeit oder Wahrheitsliebe ergibt sich daraus, daß die einzelnen Christen (und nicht nur die kirchlichen Amtsträger) selbst dazu berechtigt sind, in der Heiligen Schrift das »Wort Gottes« und damit das Wort der letztgültigen, uns unbedingt betreffenden Wahrheit zu suchen und zu vernehmen. Die Treue zur Wahrheit hat im Protestantismus den Vorrang vor der noch so wichtigen Sorge um die Einheit der Kirche.[104] Es gilt die »Unerbittlichkeit der theologisch gestellten Wahrheitsfrage«[105].

Freilich kann die Ausrichtung auf die Wahrheit des Wortes Gottes im Protestantismus ganz unterschiedliche Gestalt annehmen. Die Bandbreite fängt am einen Ende an mit einem ultrakonservativen Fundamentalismus, der die Bibel mit dem Wort Gottes gleichsetzt und sie für Wort für Wort inspiriert hält. Dabei ist allerdings eine unvoreingenommene, alles kritisch prüfende Wahrhaftigkeit nicht möglich. Die Bandbreite hört am anderen Ende auf mit einem religionsphilosophischen Radikalismus, der die überlieferte biblische Botschaft in allen Stücken in Zweifel zieht und nur das unablässige Suchen nach Wahrheit gelten läßt. Dabei ist allerdings das Vertrauen in ein Wirken des Heiligen Geistes, das Wahrheitsgewißheit schenken kann, von vornherein ausgeschlossen.

Christliche Weltoffenheit ergibt sich aus der Überzeugung, daß die Welt, in der wir leben, die gute Schöpfung Gottes ist. Die Kirche hat dem Reich Gottes zu dienen, das zwar »nicht von dieser Welt« ist (Johannes 18,36), aber mit Jesus von Nazareth doch bereits in dieser Welt angebrochen ist (Lukas 11,20; 17,21). Das Reich Gottes, das sich erst künftig vollends durchsetzen wird, greift in die Gegenwart ein und will die Welt jetzt auf Liebe und Gerechtigkeit hin gestalten.

Die lutherische Tradition betont eher das Eigenrecht weltlicher Ordnungen. Dabei haben Christen mit Sachverstand (mit Vernunft) und im Geist der Liebe ihren Beitrag zur Gestaltung des Zusammenlebens und zur Bewahrung von Gottes guter Schöpfung zu leisten. Die reformierte Tradition findet in der Bibel unverwechselbare sittliche Maßstäbe und Inhalte. Sie sucht von den Zehn Geboten und der Bergpredigt her die Welt auf das Reich Gottes hin umzugestalten. Daß die Weltoffenheit, die sich aus dem Glauben ergibt, in eine Verweltlichung und damit eine Preisgabe des religiösen Fundamentes umschlagen kann, liegt nicht im Ansatz und in der Absicht des Protestantismus, bleibt aber eine ständige Gefahr.

*Statistik und weltweiter Verbund*
Zu den reformatorischen Konfessionsfamilien zählen etwa 500 Millionen Menschen. Je nachdem, wie die Mitgliederzahlen bei der weltweiten Pfingstbewegung angesetzt werden, mag die Zahl noch um einiges höher anzusetzen sein. Problematisch bei dieser Statistik ist die Gegebenheit, daß manche reformatorische Konfessionsfamilien, etwa die Baptisten, die Methodisten und die Adventisten, zwischen Vollmitgliedern und Angehörigen unterscheiden.

Ein Großteil der reformatorischen Kirchen und die meisten romfreien katholischen Kirchen sind im Ökumenischen Rat der Kirchen (Weltrat der Kirchen, verkürzt auch »Weltkirchenrat« genannt), als einer Arbeitsgemeinschaft selbständiger Kirchen, lose zusammengeschlossen. Von der weltweit am stärksten wachsenden reformatorischen Konfessionsfamilie, der Pfingstbewegung, gehören nur wenige Kirchen zum Ökumenischen Rat der Kirchen.

Eine fundamentalistische protestantische Gegengründung zum Ökumenischen Rat der Kirchen ist der »Internationale Rat Christlicher Kirchen«. Er umfaßt über 350 meist sehr kleine Denominationen.[106] Die Schätzungen über die Mitgliederzahl schwanken zwischen 1 und 40 Millionen.

## *6.2 Die einzelnen Konfessionsfamilien*

### *a) Lutherische Kirchen*

Die Bezeichnung »lutherisch« für die Kirchen, die sich auf die Reformation Martin Luthers berufen, ist nicht im Sinne des Reformators, hat sich aber eingebürgert. Die Verselbständigung gegenüber der päpstlichen Rechtsgewalt begann mit der Wittenberger Reformation. Als deren Auftakt werden die 95 Thesen vom 31. Oktober

1517 angesehen. Im wesentlichen abgeschlossen war die Loslösung von Rom mit dem Augsburger Religionsfrieden von 1555.

Mehr als die anderen reformatorischen Kirchen legen die lutherischen Kirchen Wert auf besondere »Bekenntnisschriften«. Die grundlegenden speziell lutherischen Bekenntnisse sind das Augsburger Bekenntnis (1530) sowie Luthers Kleiner und Großer Katechismus (1529). Dazu kommen: Philipp Melanchthons »Apologie des Augsburger Bekenntnisses« (1530), Luthers Schmalkaldische Artikel (1537), Melanchthons »Von der Gewalt und Obrigkeit des Papstes« (1537) sowie die Konkordienformel (1577). In manchen Regionalkirchen kommen weitere Bekenntnisse dazu, so in Württemberg die »Confessio Virtembergica« (1551).

Fragen kirchlicher Ordnung werden in den lutherischen Kirchen ernst genommen, aber doch als zweitrangig angesehen. So wurden die Formen der mittelalterlichen Kirche weitgehend beibehalten, soweit nicht Heilige Schrift und Rechtfertigungslehre anderes zu fordern schienen. Bilderstürme waren verpönt. In den Gotteshäusern finden sich Darstellungen aus der biblischen Geschichte. Die Kirchenmusik wird besonders gepflegt. Die Musik von Heinrich Schütz und vor allem von Johann Sebastian Bach und die Choräle Paul Gerhardts haben die lutherische Frömmigkeit nachhaltig geprägt.

Entscheidend ist aber die »reine Lehre« (pura doctrina), das unverkürzte und unverfälschte Zeugnis des Evangeliums. Der Artikel 7 des Augsburger Bekenntnisses ist hier wegweisend: »Es wird auch gelehrt, daß allezeit eine heilige, christliche Kirche sein und bleiben muß, die die Versammlung aller Gläubigen ist, bei denen das Evangelium rein gepredigt und die heiligen Sakramente laut dem Evangelium gereicht werden. Denn das genügt zur wahren Einheit der christlichen Kirche, daß das Evangelium einträchtig im reinen Verständnis gepredigt und die Sakramente dem göttlichen Wort gemäß gereicht werden. Und es ist nicht zur wahren Einheit der christlichen Kirche nötig, daß überall die gleichen, von den Menschen eingesetzten Zeremonien eingehalten werden.«[107]

Betonen die reformierten Kirchen stärker die Erhabenheit und Jenseitigkeit Gottes, so verweisen die lutherischen Kirchen besonders auf die Menschwerdung des ewigen Sohnes Gottes in Jesus von

Nazareth. Die Frage nach der Gegenwart Jesu Christi in den Abendmahlselementen Brot und Wein führte 1529 zum zeitweiligen Abbruch der Kirchengemeinschaft mit den Reformierten. In der lutherischen Theologie wird diese Gegenwart Christi im Abendmahl als »Konsubstantiation« verstanden: Brot und Wein bleiben im Abendmahl, was sie zuvor schon waren, nämlich Brot und Wein, aber sie werden zugleich Gefäße, durch die uns die Verheißung Gottes hautnah trifft und wir der Vergebung unserer Schuld vergewissert werden. Christus ist leibhaft gegenwärtig »in, mit und unter« Brot und Wein.[108]

Der evangelisch-reformierte Schweizer Reformator Huldrych Zwingli dagegen sah das Abendmahl als ein Gedächtnismahl, in dem wir uns des erlösenden Kreuzestodes Jesu erinnern. Die Elemente Brot und Wein waren für ihn zugleich ein Hinweis auf den gekreuzigten Jesus und den himmlischen Christus. Der andere große evangelisch-reformierte Reformator Johannes Calvin dachte hier eher wie Luther. Er verstand die Gegenwart Christi in den Abendmahlselementen Brot und Wein als »Spiritualpräsenz«, als Gegenwart im Heiligen Geist.

Ein Grundzug lutherischen Denkens ist die Unterscheidung von Gesetz und Evangelium. Die Forderung und die Verheißung Gottes, die beiden Weisen des Wortes Gottes, dürfen nicht miteinander vermischt werden. Sonst wäre nicht mehr die unverdiente Gnade Gottes der eine und einzige Weg zum Heil, sondern irgendein moralisches oder weltanschauliches System, dessen Bedingungen wir zu erfüllen hätten. Es gäbe keine Heilsgewißheit, weil wir nie sicher wären, ob wir die Bedingungen zur Erlangung des Heils auch wirklich geleistet hätten. Unter der Hand wäre das Evangelium in ein letztlich unerfüllbares Gesetz verwandelt. Wir lebten dann in inneren Zwängen und nicht in der »Freiheit eines Christenmenschen«.

Ein weiterer lutherischer Grundzug ist die »Zweireichelehre«, die Lehre vom weltlichen und geistlichen Regiment Gottes. Die Zweireichelehre oder Zweiregimentenlehre lehnt die kirchliche Bevormundung weltlicher Belange ab. Sie plädiert für die Eigenständigkeit von Staat, Gesellschaft, Politik, Wissenschaft, Wirtschaft, Beruf, Ehe und Familie. Auch in allen diesen Lebensbereichen ist Gott der Schöpfer und Herr. Auch hier gelten die Grundsätze von Gerechtigkeit und Liebe. Doch wie diese Grundsätze in das Zusammenleben und das

Handeln umzusetzen sind, ist im einzelnen die Angelegenheit der von Gott gegebenen Vernunft. Im geistlichen Regiment Gottes, also dort, wo das Wort Gottes verkündigt wird, gilt der Grundsatz »ohne menschliche Gewalt, vielmehr allein durch Gottes Wort« (sine vi humana, sed verbo)[109]. Nicht selten schlug die durchaus berechtigte Eigenständigkeit der weltlichen Bereiche allerdings in eine »Eigengesetzlichkeit« um. Danach seien die weltlichen Ordnungen überhaupt nicht mehr an Gottes Wort zu messen, und dieses sei nur für das »Seelenheil« zuständig. Doch ist hier die Zweiregimentenlehre mißverstanden.

Von den etwa 140 evangelisch-lutherischen Kirchen mit fast 70 Millionen Mitgliedern gehören 122 Kirchen mit fast 56 Millionen Mitgliedern zum 1947 gegründeten »Lutherischen Weltbund« (Lutheran World Federation).

Andere lutherische Kirchen, häufig »Altlutheraner« genannt, sind seit 1830 aus Protest gegen die Union lutherischer und reformierter Kirchen entstanden. Sie sind streng lutherisch-konfessionell orientiert, vertreten die Verbalinspiration der Bibel und sogar der lutherischen Bekenntnisschriften. Sie werfen dem Lutherischen Weltbund lehrmäßige Kompromisse vor und lehnen die Abendmahlsgemeinschaft mit den meisten von dessen Mitgliedskirchen ab. Unter den Altlutheranern ragt von ihrer Mitgliederzahl her die »Missouri-Synode« in den USA heraus (2,7 Millionen Mitglieder). In Deutschland besteht als evangelisch-lutherische Bekenntniskirche die »Selbständige Evangelisch-Lutherische Kirche (SELK). Sie wird von einem Bischof geleitet und hat fast 42000 Mitglieder. Der Gottesdienst wird regelmäßig mit Predigt und Abendmahl gefeiert. Die Frauenordination wird abgelehnt.

Einen eigenen Dachverband haben die »Altlutheraner« oder evangelisch-lutherischen Bekenntniskirchen in der »Internationalen Lutherischen Konferenz« (International Lutheran Conference). Zu ihr gehören 26 Kirchen mit insgesamt 3,2 Millionen Mitgliedern. Lehrgrundlage ist das »unbedingte Festhalten an der Heiligen Schrift als dem inspirierten und unfehlbaren Wort Gottes« und die Anerkennung der im Konkordienbuch gesammelten lutherischen Bekenntnisschriften als der »wahren und zuverlässigen Auslegung des Wortes Gottes«.

### b) Reformierte Kirchen

Die evangelisch-reformierten Kirchen verstehen sich als »nach Gottes Wort reformiert«. »Calvinistisch« – nach dem neben Martin Luther wirkungsvollsten Reformator Johannes Calvin – ist keine offizielle Selbstbezeichnung. Zahlreiche reformierte Denominationen nennen sich »presbyterianisch«. Damit ist das Element der Kirchenverfassung angedeutet, das den reformierten Kirchen wichtig ist: Das Presbyterium, der gewählte Ältestenkreis, der Kirchengemeinderat, leitet die Gemeinde. Mehrere Gemeinden schließen sich zu einem Presbyterium auf Bezirksebene zusammen, mehrere Bezirke zu einer Synode auf Landesebene. Das Laienelement ist stark betont, etwa in der von Calvin in Genf eingeführten Ämterordnung mit Pastoren, Doktoren (Lehrern), Presbytern (Kirchenvorständen) und Diakonen.

Zum reformierten Protestantismus gehören aber auch Kirchen, deren Verfassung kongregationalistisch ist. Bei ihnen ist also die Autonomie, die Selbständigkeit der einzelnen Gemeinde (der congregatio) noch stärker ausgeprägt. Die »kongregationalistischen« Kirchen haben sich in den letzten Jahrzehnten oft mit anderen reformierten Kirchen zusammengeschlossen. Ihr Weltbund hat sich 1970 mit dem Reformierten Weltbund vereinigt.

Erster Reformator der nach 1520 verselbständigten reformierten Kirchen ist Huldrych Zwingli in Zürich gewesen. Aber erst durch die Reformation Calvins in Genf ab 1536 konnte sich die reformierte Kirche weit über die Schweiz hinaus ausdehnen. Der gebürtige Franzose Calvin förderte durch seine Korrespondenz und durch Reisen von Mitarbeitern den Protestantismus in ganz Europa.

Herkömmlicherweise unterscheiden sich reformierte Gotteshäuser in ihrer Ausstattung beträchtlich von lutherischen Kirchengebäuden. Im Kirchenraum fehlen Bilder und normalerweise sogar das Kreuz, das christliche Grundsymbol. Das erklärt sich vom alttestamentlichen Bilderverbot her, das die reformierten Christen wie die Juden entsprechend der Hebräischen Bibel als das Zweite Gebot zählen (2. Mose 20,4–6; 5. Mose 5,8–10), und nicht wie die römisch-katholische und die lutherische Kirche als Anhängsel des Ersten Gebots. Räumliches Zentrum ist nicht der Altar, an dessen Stelle ein schlichter Abendmahlstisch aufgestellt ist, sondern die Kanzel. Aus den Kirchen im Umkreis der Züricher Reformation waren zunächst sogar die Orgeln entfernt worden.

Auch die Stimmung der gottesdienstlichen Versammlungen pflegt in den reformierten und den lutherischen Gemeinden recht verschieden zu sein. Der reformierte Gottesdienst ist ganz auf Schriftlesung, Predigt und Gebet ausgerichtet. Diese Herbheit, die heute aufgrund ökumenischer Erfahrungen mancherorts durch liturgische Anreicherungen abgemildert ist, rührt von der Betonung des Ersten Gebotes her: Gott allein ist der Herr. Er ist unsichtbar. Keine Veranschaulichung, Verleiblichung oder Vergegenständlichung darf die Aufmerksamkeit von ihm ablenken. Die Schmucklosigkeit des Gotteshauses und die Schlichtheit des Gottesdienstes lenken die Konzentration auf Gottes Majestät. Seine Ehre und Verherrlichung hat im Leben der Christen obenan zu stehen.

Dieser Frömmigkeitsstil wird in den ersten Zeilen von Calvins »Genfer Katechismus« (1537) deutlich. Dort wird als das Ziel, auf das hin wir Menschen erschaffen sind, angegeben, »die Herrlichkeit unseres Schöpfers zu erkennen und, indem wir sie erkennen, ihn über alles zu verehren und in aller Furcht, Liebe und Ehrerbietung anzubeten«[110]. Ein weiterer Grund für die Nüchternheit und Kargheit der gottesdienstlichen Formen ist, wie beim Kirchenraum, das als Zweites Gebot gezählte Bilderverbot. Jedem Götzendienst, jeder Verwechslung von Schöpfer und Geschöpf ist zu wehren. Trotzdem ist auch im reformierten Protestantismus das Sinnliche zur Geltung gekommen, und zwar in herrlichen Chorälen, insbesondere in den Nachdichtungen der Psalmen, die etwa in den französischen, niederländischen und schottischen Gesangbüchern zu finden sind. Mit diesen Gesängen sind ungezählte Hugenotten in ihrem Martyrium im 16. und 17. Jahrhundert gestärkt worden.

Das Alte Testament spielt in der reformierten Kirche eine stärkere Rolle als in der lutherischen Kirche. Im Luthertum sieht man Altes und Neues Testament eher im Verhältnis von Verheißung und Erfüllung, im reformierten Protestantismus eher in der Weise verschiedener Bundesschlüsse Gottes mit den Menschen. Im Gottesdienst wird häufig über alttestamentliche Texte gepredigt.

Zur Hochschätzung des Alten Testaments paßt das Gottesverständnis. Gott ist erhaben und jenseitig. Der Schöpfer ist von seiner Schöpfung qualitativ abgehoben. Lutherische Theologie hat die Menschwerdung des Wortes Gottes betont und dies auf die Formel »das Begrenzte ist für das Unbegrenzte aufnahmefähig« (finitum capax infiniti) gebracht. Der reformierte Protestantismus setzt diesem Ansatz die Formel »das Begrenzte kann das Unbegrenzte nicht fassen« (finitum non capax infiniti) entgegen. Danach übersteigt und sprengt Gott alles Irdische, auch wo er sich, wie in Jesus und im Abendmahl, mit diesem verbindet. In der Christologie wurde dies durch das sogenannte »Extra-Calvinisticum« ausgedrückt: Der ewige Christus ist zwar in den Menschen Jesus eingegangen, aber nicht in ihm aufgegangen.[111]

Die Niedrigkeit des Menschen vor dem erhabenen Gott kommt auch durch die Lehre von der Prädestination (Vorherbestimmung) zum Ausdruck. Das Heil erlangt, wer von Gott zum Heil vorherbestimmt ist. Wir selbst können dazu nichts beitragen. Das wurde bei Calvin ausgeweitet zur »doppelten Prädestination«: die einen sind zum Heil, die anderen dagegen zur Verdammnis vorherbestimmt. Immerhin war die »doppelte Prädestination« im reformierten Protestantismus keine überall anerkennte Lehre, sondern eine Lehrmeinung, der von liberalen Strömungen wie den Arminianern (der späteren Remonstrantenkirche) heftig widersprochen wurde.

Die Lehre von der doppelten Prädestination führte aber nicht zur Passivität. Können wir auch nichts zu unserem Heil beitragen, so können wir unsere Erwählung doch an den Früchten unseres Lebens erkennen (der sogenannte »syllogismus practicus«). Viele reformierte Christen, besonders solche bewußt calvinistischer Prägung, befleißigen sich deshalb einer »innerweltlichen Askese« mit harter Arbeit und bescheidenem Lebensstil. Der Soziologe Max Weber fand in dieser calvinistischen Wirtschaftsethik eine der Wurzeln des modernen Kapitalismus.

In der politischen Ethik zeigt sich die Liebe zum Alten Testament in einem Hang zur »Theokratie«, zur Gestaltung des gesamten Lebens nach den Grundsätzen der Bibel. Der lutherischen »Lehre vom weltlichen und geistlichen Regiment Gottes« steht die reformierte

Lehre von der »Königsherrschaft Christi« gegenüber. Die Königsherrschaft Christi soll das private wie das gesamte politische Leben mit speziellen biblischen Leitlinien gestalten.

Mit diesen Besonderheiten sah und sieht sich der reformierte Protestantismus nicht im kirchentrennenden Gegensatz zum Luthertum. Vielmehr ist auf die gesamtprotestantische Gemeinsamkeit immer Wert gelegt worden. Hier hatten es die Reformierten auch einfacher als die Lutheraner, weil die reformierten Bekenntnisse – ungefähr 60 an der Zahl – nicht in derselben Weise verbindlich geworden sind wie die überschaubaren lutherischen Bekenntnisschriften. Besondere Bedeutung haben immerhin der Heidelberger Katechismus von 1563, das Zweite Helvetische Bekenntnis von 1566 und die Westminster Confession von 1647 erlangt.

Die meisten evangelisch-reformierten Kirchen, nämlich 193 Denominationen in 99 Ländern mit insgesamt 70 Millionen Mitgliedern, gehören zum 1875 gegründeten »Reformierten Weltbund« (World Alliance of Reformed Churches). Darunter finden sich auch die Böhmische Brüderkirche der Tschechischen Republik, die niederländischen Remonstranten, die Waldenserkirche Italiens und etliche kongregationalistische Kirchen.

Einige der im 19. Jahrhundert entstandenen konservativen, betont konfessionell ausgerichteten »altreformierten« Kirchen haben einen eigenen Dachverband im »Reformierten Ökumenischen Rat« (Reformed Ecumenical Council). Dazu gehören etwa 30 Denominationen in 18 Ländern mit 4,5 Millionen Mitgliedern.

### *c) Evangelisch-unierte Kirchen*

Bei den evangelischen Unionskirchen sind zwei Grundarten zu unterscheiden.

Erstens haben sich seit 1817 in Mitteleuropa Unionen lutherischer und reformierter Gemeinden gebildet: etwa 1817 in Nassau und in Preußen, 1818 in der Pfalz, 1821 in Baden, 1822 in Rheinhessen. Die Landeskirche der Pfalz ist Beispiel einer »Bekenntnisunion«. Hier wurde die Union durch ein neues Bekenntnis bekräftigt. Die altpreußische Union und ihre Fortsetzung in den Landeskirchen auf dem ehemaligen Gebiet Preußens ist Beispiel einer Verwaltungsunion. Hier gilt in den einzelnen Gemeinden entweder das lutherische oder das reformierte Bekenntnis. Ebenso verhält es sich in der »Evangelischen Kirche A. und H. B. in Österreich« (A. B. = Augsburger Bekenntnis, H. B. = Helvetisches Bekenntnis).

Zweitens sind in außereuropäischen Ländern im 20. Jahrhundert Unionskirchen entstanden, an denen im allgemeinen Anglikaner, Methodisten und Reformierte beteiligt sind, so in Südindien, Nordindien, Bangladesh und Pakistan. Dort hat jeweils die gesamte Unionskirche die bischöfliche Struktur und apostolische Sukzession der Anglikaner übernommen. Dazu kommen Unionskirchen ohne die Anglikaner, etwa in Australien, Kanada und Japan, sowie in der Volksrepublik China eine protestantische Unionskirche aller dort vertretenen reformatorischen Traditionen.

Alle diese Unionen, ob es sich um Verwaltungsunionen oder Bekenntnisunionen handelt, schließen die Abendmahlsgemeinschaft mit ein. Sie sind ein Beweis für die Familienähnlichkeiten der Konfessionsverwandten im Protestantismus.

Die etwa 25 evangelischen Unionskirchen (in 23 Ländern) haben keinen eigenen Weltverband. Ihre weltweite Mitgliederzahl ist bei den Mitgliederzahlen der verschiedenen Konfessionsfamilien, aus denen sie hervorgegangen sind, erfaßt.

### *d) Anglikanische Kirche*

Besucher anglikanischer Gottesdienste fühlen sich häufig an römisch-katholische Gottesdienste erinnert. Der feierliche Einzug des Priesters, seiner liturgischen Assistenten und des Chors, die Eucharistiefeier in der Struktur der Messe, die Wechselgesänge zwischen Gemeinde und Chor in der Art der klösterlichen Stundengebete: das gehört zum Grundmuster des Hauptgottesdienstes. Andererseits erfolgt die Kommunion beim Abendmahl mit Brot und Wein. Längst wurde in der Liturgie die Muttersprache verwendet, auch als das in der römisch-katholischen Messe noch nicht erlaubt war. Die Predigten sind normalerweise sorgfältig ausgearbeitet. Je nach Gemeinde oder nach Diözese mag der Gottesdienst eher »katholisch« oder eher »protestantisch« gefärbt sein.

Das in der Weltchristenheit Einzigartige der anglikanischen Kirche ist die Verbindung von Katholizismus und Protestantismus. Das Beispiel der anglikanischen Kirche zeigt: Evangelische Konzentration auf das Evangelium und katholische Weite im Festhalten an der gesamtchristlichen Tradition samt ihren Formen sind keine Gegensätze.

Neuerdings werden in fast allen anglikanischen Nationalkirchen, auch in der Mutterkirche, der Church of England, Gottesdienste auch von Priesterinnen geleitet. In der Church of England wurde die Frauenordination 1994 eingeführt. In manchen Kirchenprovinzen, etwa in den USA und in Neuseeland, gibt es bereits anglikanische Bischöfinnen.

Die weltweite anglikanische Gemeinschaft (Anglican Communion) umfaßt insgesamt 26 Kirchenprovinzen, nur zwei davon liegen in England: die Erzbistümer Canterbury und York. Das »weltliche« Oberhaupt der englischen anglikanischen Kirche (church of England) sind die jeweiligen britischen Monarchen.

Dabei ist die Church of England von allen anglikanischen Nationalkirchen die einzige Staatskirche. Alle anderen anglikanischen Kirchen haben den rechtlichen Charakter von Freikirchen.

Die anglikanische Kirche versteht sich seit Matthew Parker (1559–1575 Erzbischof von Canterbury) als »Weg der Mitte« (via media) zwischen Protestantismus und Katholizismus. Sie legt Wert auf eine »comprehensiveness without compromise« (Umfassen ohne Kompromisse). Als ihren besonderen Auftrag sieht sie ihre ökumenische Brückenfunktion an. Von Anfang an ist sie in der ökumenischen Bewegung und im Ökumenischen Rat der Kirchen aktiv gewesen. Sie steht seit 1931 in voller Kirchengemeinschaft (ohne gemeinsame Rechtsprechung!) mit den alt-katholischen Kirchen. In verschiedenen Regionen, etwa in Nordamerika oder in Nordeuropa und Mitteleuropa, besteht mit den meisten lutherischen Kirchen eine amtlich erklärte Abendmahlsgemeinschaft. Die gegenseitige eucharistische Gastfreundschaft mit den anderen reformatorischen Kirchen wird aber auch dort praktiziert, wo sie noch nicht ausdrücklich erklärt ist. Grundsätzlich sind Christen anderer Konfessionen zur Teilnahme an den Gottesdiensten, auch an den Eucharistiefeiern, der Anglikaner eingeladen.

Die »evangelische Katholizität« der anglikanischen Kirche hängt mit ihrer besonderen Geschichte zusammen. Ihren kirchengeschichtlichen Beginn sieht die Church of England nicht 1534, als das englische Parlament auf Betreiben von König Heinrich VIII. die rechtliche Loslösung der englischen Kirche von Rom beschloß, sondern 597, als der römische Abt Augustinus erster Erzbischof von Canterbury wurde. Bei der Synode von Whitby 664 wurden die seit dem 4. und 5. Jahrhundert bestehenden, zuvor romfreien altbritischen und iroschottischen (keltischen) Kirchen in die englische Kirche einbezogen. Die kirchliche Hierarchie samt bischöflicher, apostolischer Sukzession wurde nach der Reformation im 16. Jahrhundert nahtlos weitergeführt. Thomas Cranmer (1489–1556), seit 1533 und bis zu seinem Märtyrertod Erzbischof von Canterbury, ist der führende Kopf der englischen Reformation gewesen. 1549–1551 wurde er vom Straßburger Reformator Martin Bucer (1491–1551) beraten. Nach dem blutigen Zwischenspiel mit Königin Maria der Katholischen 1553–1558 konnte sich die englische Reformation ab 1559 stabilisieren.

Die anglikanische Konfessionsfamilie hat zwei Grundtexte. Ihre (heute freilich nur noch wenig zur Kenntnis genommene) Bekenntnisschrift sind die »39 Artikel«. Sie sind 1563 unter Federführung von Erzbischof Matthew Parker entstanden und waren von der evangelisch-lutherischen Confessio Virtembergica (Württembergisches Bekenntnis) von 1551[112] beeinflußt. 1571 ratifizierte das englische Parlament die 39 Artikel. Stärker wurde die anglikanische Kirche geprägt von ihrem liturgischen Werk, dem »Book of Common Prayer«. Nach einer eher katholischen Fassung 1549 und einer betont protestantischen Fassung 1552 erhielt es 1662 seine bis heute in England gültige Form, die zwischen katholisch und protestantisch den mittleren Weg (die via media) sucht.

Das Book of Common Prayer enthält die Gottesdienstordnungen mit Gebeten und Lesungen für die Eucharistiefeier wie für die beiden anderen Gottesdienstformen, die nach den klösterlichen Stundengebeten der Matutin und der Vesper gestalteten Wortgottesdienste »Morning Prayer« (»Matins«) und »Evening Prayer« (»Evensong«). Ferner finden sich im Book of Common Prayer die Liturgien für Taufe, Konfirmation, Trauung, Bestattung und Ordination, der Psalter, das Kalendarium mit den kirchlichen Gedenktagen, ein Katechismus und die 39 Artikel. Das englische Book of Common Prayer ist das Muster für entsprechende Gebetbücher der einzelnen Nationalkirchen. In England wurde erst 1980 ein alternatives Gottesdienstbuch zugelassen.

Im Lauf der Zeit bildeten sich in der Church of England drei Flügel heraus: Die »anglokatholische« Richtung der High Church bekam im 19. Jahrhundert in der Oxford-Bewegung großen Auftrieb. Die »evangelische« oder »evangelikale« Richtung der Low Church wurde im 18. und 19. Jahrhundert von der Erweckungsbewegung bestimmt. Die »liberale« oder »modernistische«, dogmatisch weitherzige (»latitudinaristische«) Richtung der Broad Church verbindet den Glauben mit der Vernunft. In England ist die eine Kirchengemeinde eher von der einen, die andere eher von der anderen Richtung geprägt. Für viele Kirchengemeinden spielen diese profilierten Richtungen freilich keine Rolle mehr. Das gilt auch für die meisten Kirchenprovinzen Asiens und Afrikas.

Alle drei Richtungen – Anglokatholiken, Evangelikale und Liberale – tragen für das anglikanische Profil Unverzichtbares bei: die Low Church den Nachdruck auf die Bibel als Maßstab für Glauben, Leben und Frömmigkeit des Christen und die Botschaft von der Rechtfertigung allein aus Gnade; die High Church die Tradition, die eucharistische Liturgie und die bischöfliche Ordnung; die Broad Church Vernunft und Erfahrung, Freiheit der Lehre und Toleranz. Dies zusammengenommen ist eben die anglikanische »comprehensiveness«, die Integration verschiedener, im allgemeinen nicht leicht zu vereinbarender Aspekte.

Die anglikanische Kirche kennt keine straffe Hierarchie nach Art der römisch-katholischen Kirche. Jede Kirchenprovinz ist autonom, also rechtlich selbständig. Das zeigt sich etwa in der Frage der Frauenordination. In den anglikanischen Kirchen von Hongkong, Kanada, USA und Neuseeland wurden Frauen ins Priesteramt berufen, bevor sich 1994 auch die Mutterkirche, die Church of England, nach jahrelangen Debatten dazu entschloß. Geleitet werden die Kirchenprovinzen von Generalsynoden, in denen die Laien voll beteiligt sind. Die Bischöfe üben kein exklusives Lehramt aus, auch wenn sie bei der Formulierung der Lehre moralische Autorität genießen.

Der Zusammenhalt der einzelnen Kirchenprovinzen (Nationalkirchen) wird seit 1867 durch die ungefähr alle 10 Jahre tagende Lambeth-Konferenz aller Bischöfe gewährleistet. Ihre Beschlüsse haben den Charakter von Empfehlungen, müssen also von den einzelnen Mitgliedskirchen erst noch angenommen werden.

Auf den Lambeth-Konferenzen von 1888 und 1920 wurden als Grundlage für eine Kirchenunion folgende vier Grundpfeiler festgehalten: »a) die Heilige Schrift als Bericht von Gottes eigener Offenbarung dem Menschen gegenüber und als Richtschnur und Maßstab des Glaubens; b) das Glaubensbekenntnis – gewöhnlich als das Nizänische bezeichnet – als die zureichende Zusammenfassung des christlichen Glaubens, und entweder dieses oder das apostolische Glaubensbekenntnis als Taufbekenntnis; c) die von Gott eingesetzten Sakramente der Taufe und des heiligen Abendmahls als Ausdruck für das gemeinsame Leben der ganzen Gemeinschaft in und mit Christus; d) ein geistliches Amt, das von jedem Teil der Kirche anerkannt wird als im Besitz nicht nur der inneren Berufung durch den Heiligen Geist, sondern auch der Beauftragung Christi und der Autorität des ganzen Leibes.«[113]

Dabei wird nicht behauptet, eine Kirche ohne bischöfliche Sukzession sei nicht Kirche im Vollsinn des Wortes. »Anglikaner haben sich gesträubt, irgendein negatives Urteil über den kirchlichen Status von christlichen Gemeinschaften abzugeben, die keine apostolische Sukzession haben, und bereitwillig gestehen sie die geistliche Realität von deren Ämtern ein.«[114]

Die weltweite anglikanische Gemeinschaft (Anglican Communion) mit dem Erzbischof von Canterbury als Ehrenprimas, mit 26 autonomen Nationalkirchen (Kirchenprovinzen) und etwa 400 Diözesen, umfaßt etwa 70 Millionen Mitglieder. Der anglikanischen Kirche in voller gottesdienstlicher Gemeinschaft verbunden sind auch die Unabhängige Philippinische Kirche, die sich 1902 von der römisch-katholischen Kirche verselbständigt hat, und die 1889 aus der Syrisch-Orthodoxen Kirche des Ostens in Indien hervorgegangene Syrische Mar-Thoma-Kirche in Südindien.

## *e) Mennoniten*

Die Mennoniten gehören wie Lutheraner, Reformierte und Anglikaner zu den »klassischen« Reformationskirchen: Auch ihre Sondertradition reicht nämlich in die Anfänge der Reformationszeit zurück. Ihre geistlichen Vorfahren im 16. Jahrhundert zählen zum »linken (radikalen) Flügel« der Reformation. Das ist eine gebräuchliche Sammelbezeichnung für Täufer, Spiritualisten, Antitrinitarier und revolutionäre Bewegungen.

Die Mennoniten sind »Täufer«, die nur solche Taufen vollziehen, denen eine bewußte Glaubensentscheidung der Täuflinge vorausging. Ihren Namen haben sie von dem Priester Menno Simons (1496–1561), der sich den Täufern 1536 angeschlossen hatte. Die erste Täufergemeinde bildete sich 1525 in Zürich, als Konrad Grebel (1489–1526) und Felix Mantz (1480–1527) die ersten Glaubenstaufen vollzogen. Weitere wichtige Persönlichkeiten aus der Anfangszeit sind Balthasar Hubmaier (1485–1528), Hans Hut (1490–1527) und Michael Sattler (1527 hingerichtet). Mantz, Hubmaier und Sattler starben den Märtyrertod.

Von einem kleinen revolutionären Flügel abgesehen, der 1534–1535 in Münster eine Schreckensherrschaft ausübte und dann grausam vernichtet wurde, sind die Täufer eine der wenigen christlichen Gruppen, die nie an staatlicher Macht teilhatten und keinen Zwang ausübten. Dafür aber wurden sie lange Zeit verfolgt.

Die Mennoniten üben nur die Erwachsenentaufe oder Gläubigentaufe. Sie erkennen aber die Kindertaufe der anderen Kirchen an. Ihre Kirchenverfassung ist kongregationalistisch: die einzelnen Gemeinden sind also weitgehend selbständig. Sie betonen ein praktisches Christentum der Nachfolge Jesu. Sie lehnen den Kriegsdienst ab. Ihre staatskritische Haltung zeigt sich auch darin, daß sie den Eid verweigern. Dies begründen sie mit der Bibel (Matthäus 5,33–37).

Soweit man überhaupt von einer besonderen Bekenntnisformulierung der Mennoniten reden kann, so ist es Michael Sattlers »Schleitheimer Bekenntnis« von 1527[115]. Hier wird die Gläubigentaufe vertreten, die Kirchenzucht beschrieben, das Abendmahl als Gedächtnismahl der Geheiligten verstanden, die Absonderung von der ungläubigen Umwelt gefordert, das Hirtenamt ganz der eigenen Gemeinde zugeordnet, Kriegsdienst und Mitarbeit in weltlichem Regiment abgelehnt, der Eid verworfen.

Die Mennoniten sind die erste evangelische »Freikirche«. Dabei ist unter Freikirche erstens im Unterschied zur »Staatskirche« die völlige Unabhängigkeit vom Staat zu verstehen, und zweitens im Unterschied zur »Volkskirche« die Freiwilligkeitskirche, in der die Mitgliedschaft ganz auf eigener Glaubensentscheidung beruht.

Die Mennoniten sind besonders in den USA, in Kanada, den Niederlanden, in Rußland und in Deutschland vertreten. Bei ihnen gibt es eine große Bandbreite von Positionen. Sie reicht von den »Amish« in den USA, die in ihrem Lebensstil und ihrer rigorosen Moral sehr konservativ sind, über die ebenfalls größtenteils in den USA lebenden »Hutterischen Brüder« (auch in Deutschland gibt es Hutterische »Bruderhof«-Gemeinschaften) bis zu den überwiegend freisinnig-liberal eingestellten »Doopsgezinden« (Taufgesinnten) in den Niederlanden.

Weltweit gibt es etwa 860000 getaufte (erwachsene) Mennoniten. Internationaler Dachverband für etwa 650000 getaufte Mennoniten ist seit 1925 die »Mennonitische Weltkonferenz« (Mennonite World Conference). In Deutschland ist die norddeutsche »Vereinigung der Deutschen Mennonitengemeinden« Mitglied im Ökumenischen Rat der Kirchen, nicht aber der süddeutsche »Verband Deutscher Mennonitengemeinden«, der in der Evangelischen Allianz mitarbeitet. In Deutschland gibt es etwa 20000 getaufte Mennoniten. Nicht alle davon gehöen zu der 1990 gegründeten »Arbeitsgemeinschaft Mennonitischer Gemeinden in Deutschland« (AMD).

Mit den Mennoniten verwandt ist die etwa 200000 Mitglieder zählende »Kirche der Brüder« (Church of the Brethren). Sie geht auf August Hermann Franckes Schüler Alexander Mack (1679–1735) zurück. 1708 taufte er acht Erwachsene im Edertal. 1719 wanderte er mit seiner Gemeinschaft in den nordamerikanischen Staat Pennsylvania aus. Wie die Mennoniten und die Quäker gehört die Kirche der Brüder zu den »historischen Friedenskirchen«. Sie lehnt Kriegsdienst und Eid ab, tritt für Religionsfreiheit und für die Trennung von Staat und Kirche ein und übt nur die Erwachsenentaufe. Die amerikanische Church of the Brethren ist Mitgliedskirche des Ökumenischen Rates der Kirchen.

## *f) Baptisten*

Wie die Mennoniten stehen auch die Baptisten in der Tradition der Täuferbewegung. Das drückt sich schon in der Bezeichnung »Baptisten« (= Täufer) aus. Sie war ursprünglich ein Schimpfname. Auch die Baptisten üben nur die Erwachsenen- oder Gläubigentaufe. Auch ihre Gemeinden sind kongregationalistisch verfaßt. Die selbständigen Einzelgemeinden sind in jedem Land in Dachverbänden zusammengeschlossen.

Die Baptisten bilden von ihrem Ansatz her ebenfalls »Freikirchen« im doppelten Sinn: Zum einen geht es um die Unabhängigkeit vom Staat. Sie schließt bei ihnen keine grundsätzliche Staatskritik ein, wohl aber die Forderung der Religionsfreiheit auch für Andersgläubige. Zum anderen betonen sie die Freiwilligkeit der Kirchenmitgliedschaft. Mitglied wird man durch eigenen Entschluß, Vollmitglied durch die sich daran anschließende Taufe.

Anders als die Mennoniten sind die Baptisten nicht unmittelbar aus der Täuferbewegung des 16. Jahrhunderts hervorgegangen. Ihre Anfänge liegen im England des beginnenden 17. Jahrhunderts. Der ehemalige anglikanische Pfarrer John Smyth (1554–1612) floh vor drohender Verfolgung 1608 nach Amsterdam und taufte dort sich und andere Flüchtlinge. Etliche kehrten 1611/12 in die Heimat zurück und gründeten die ersten Baptistengemeinden.

Theologische Meinungsverschiedenheiten gab es in der Frage der Erwählung. Die »General Baptists« vertraten im Sinn der niederländischen Remonstranten, einer humanistisch gefärbten, 1619 gegründeten reformierten Kirche (nach dem Theologen Jacobus Arminius auch »Arminianer« genannt), die Gnade für alle Menschen. Die »Particular Baptists« (»Regular Baptists«) teilten Calvins Lehre von der doppelten Prädestination, wonach die einen unverdienterweise zum Heil, die anderen verdienterweise zur Verdammnis bestimmt sind.

In Nordamerika gründete Roger Williams (1603–1683), ein Vorkämpfer der Religionsfreiheit, 1639 in Providence in Rhode Island die erste Baptistengemeinde. In Deutschland entstanden ab 1834 Gemeinden auf Initiative des von der Erweckungsbewegung ergriffenen Kaufmanns Johann Gerhard Oncken (1800–1884). In Rußland und der

Ukraine bilden die Baptisten, die dort 1867 Fuß faßten, die größte protestantische Glaubensgemeinschaft (etwa 5 Millionen Evangeliumschristen – Baptisten).

Auftrieb bekamen die Baptisten durch drei Erweckungsbewegungen im 18. und 19. Jahrhundert. Deren herausragender Prediger in England war Charles H. Spurgeon (1834–1892). Weiteren Zulauf erhielten sie durch die Sklavenbefreiung in den USA, wo ungefähr jeder zweite Schwarze zu den Baptisten gehört, und durch die Mission.

Für die Baptisten ist »Konfession« oder »Bekenntnis« in erster Linie ein Vorgang. Wer zum persönlichen Glauben an Jesus Christus gefunden hat und in die Gemeinde aufgenommen werden will, bekennt seinen Glauben vor der Gemeinde und empfängt dann die Taufe. »Die Umkehr des Menschen zu Gott kommt zum Ausdruck in seinem Bekenntnis zu Christus, das er vor Gott und den Menschen in der von Jesus Christus eingesetzten Taufe ablegt. Deshalb taufen wir nach der Lehre des Neuen Testaments nur solche Menschen, die die Taufe aufgrund ihres persönlichen Glaubens begehren und ihren Willen bekunden, mit Gottes Hilfe ein verbindliches Leben in der Nachfolge Jesu Christi zu führen.«[116]

Die altkirchlichen Bekenntnisse werden bejaht. Die Baptisten haben aber auch eine Reihe von bekenntnisartigen Erklärungen, in denen ihre Glaubensgrundsätze zusammengefaßt sind. Wichtig ist etwa das Bekenntnis von New Hampshire (1833)[117]. Es beginnt mit der Verbindlichkeit der Heiligen Schrift. Neben der Rechtfertigung als »der Vergebung der Sünden und der Verheißung ewigen Lebens«[118] werden Wiedergeburt und Heiligung als heilsnotwendig verstanden: »Wir glauben, daß wir, um gerettet zu werden, erneuert oder wiedergeboren werden müssen. Wiedergeburt besteht darin, daß unsere Gesinnung in einen heiligen Zustand gebracht wird. Sie wird bewirkt in einer Weise, die über unser Verstehen und Berechnen hinausgeht, durch die Kraft des Heiligen Geistes ..., um unseren freiwilligen Gehorsam dem Evangelium gegenüber sicherzustellen. Das rechte Zeichen dafür ist zu finden in den heiligen Früchten, die wir zur Ehre Gottes hervorbringen.«[119]

Ein weiteres Bekenntnis ist das Glaubensbekenntnis des Bundes evangelisch-freikirchlicher Gemeinden (1944).[120] Auch hier werden die Rechtfertigung durch den Glauben aufgrund des Opfers Jesu Christi, die Wiedergeburt zum neuen Leben und die tägliche Heiligung als ein zusammenhängender Heilsweg gesehen.[121]

Ihre besondere Taufpraxis und das damit verbundene Taufverständnis ist nicht das wichtigste Thema für die überwiegend als evangelikal zu charakterisierenden Baptisten. Doch hebt es sie von den meisten anderen Konfessionsfamilien ab. Im allgemeinen erkennen die Baptisten überhaupt nur die Erwachsenentaufe oder Gläubigentaufe als eine gültige christliche Taufe an. Meistens werden Christen aus anderen Kirchen, die als Kinder getauft wurden und sich den Baptisten anschließen, noch einmal getauft. Dabei wird üblicherweise der ganze Körper ins Wasser getaucht. Diese erneute Taufe ist für die anderen Kirchen ein Ärgernis, wird doch von fast allen Kirchen gerade die Taufe als ein Band der Gesamtchristenheit verstanden. Den Baptisten geht es bei ihrem Taufverständnis um das entschiedene, persönlich gelebte Christsein. Die Taufe soll nicht dadurch unglaubwürdig werden, daß sie häufig ohne Konsequenzen bleibt.

Das Christsein wird ernsthaften Christen anderer Konfessionen, die als Kinder getauft wurden, dabei nicht abgesprochen. Eine ökumenische Haltung zeigt sich im »offenen Abendmahl«, also in der eucharistischen Gastfreundschaft für Christen anderer Konfessionen. »Jeder, der an Jesus Christus glaubt, ganz gleich, welcher Rasse, Generation oder Konfession, gehört nach baptistischer Lehre zum Leib Christi. Darum wird in den Evangelisch-Freikirchlichen Gemeinden seit längerer Zeit das offene Abendmahl gefeiert, zu dem alle, die an Christus glauben, zugelassen sind.«[122]

Zum 1905 gegründeten »Weltbund der Baptisten« (Baptist World Alliance) gehören in 136 Unionen (Mitgliedsbünden) 35 Millionen getaufte Mitglieder, damit insgesamt rund 70 Millionen Mitglieder und Angehörige. In Deutschland sind die Baptisten im »Bund Evangelisch-Freikirchlicher Gemeinden« zusammengeschlossen, zu dem seit 1941 auch etliche der Darbysten gehören.

Die *Darbysten* (Plymouth-Brethren, »Freier Brüderkreis«) gehen auf den ehemaligen anglikanischen Pfarrer John Nelson Darby (1800–1882) zurück. Ihre ab 1826 gebildeten Gemeinden sind kongregationalistisch verfaßt. Im allgemeinen wird die Erwachsenentaufe praktiziert. Bekannt wurde ihre deutsche Bibelübersetzung, die »Elberfelder Bibel« (1871). Den großen Kirchen werfen sie Verweltlichung vor. Die wahre Kirche ist unsichtbar. Die »Offenen Brüder« oder »Freien Brüderversammlungen« sind der weniger rigorose Zweig. Strenger sind die »Exclusive Brethren«, die exklusive »Christliche Versammlung«, auch »Geschlossene Brüderversammlungen« genannt. Mitgliederzahlen werden nicht angegeben. In Deutschland sind wohl 28 000 Darbysten nicht dem »Bund Evangelisch-Freikirchlicher Gemeinden« angeschlossen.

## *g) Quäker*

Erben des »linken (radikalen) Flügels« der Reformation sind auch die Quäker, die sich selbst »Religiöse Gesellschaft der Freunde« (Religious Society of Friends) nennen. Sie repräsentieren dessen spiritualistischen Flügel, vertreten also ein Geistchristentum.

Eine Leitidee der Quäker ist das »innere Licht«. Das ewige Wort Gottes ist »das wahre Licht, das alle Menschen erleuchtet, die in diese Welt kommen« (Johannes 1,9). Sie nannten sich zuerst »Kinder des Lichts« (Children of Light), dann »Freunde der Wahrheit« (Friends of the Truth) und »Gesellschaft der Freunde« (Society of Friends), im Anschluß an Johannes 15,15. Spöttisch wurden sie aber »Quäker« (= Zitterer) genannt, weil ihr Gründer, der englische Schuster George Fox (1624–91), in einer Gerichtsverhandlung beim Wort »Gott« zu zittern begann.

Die Quäker sind vom üblichen Kirchentum weit entfernt. Sie kennen keine Sakramente. Das ganze Leben des Christen hat nämlich ein einziges Sakrament zu sein. So gibt es bei ihnen weder Taufe noch Abendmahl.

Sie kennen im allgemeinen auch keine Geistlichen, auch wenn größere Gemeinschaften in den USA und in Kenia doch hauptamtliche Prediger angestellt haben. Das allgemeine Priestertum und das demokratische Prinzip werden so sehr betont, daß in den örtlichen Gemeindeversammlungen und den regionalen wie nationalen Jahresversammlungen, bei denen jeder gleichberechtigt mitreden darf, Entscheidungen erst durch den Konsens aller getroffen werden.

Ihre Gottesdienste sind »stille Andachten«. Dabei wird nicht die ganze Zeit geschwiegen. Wer im Verlauf des Gottesdienstes im stillen Hören auf das Bibelwort und im Warten auf das »innere Licht« etwas zu sagen hat oder ein Gebet sprechen kann, ist dazu eingeladen.

Die Quäker haben kein formuliertes Bekenntnis. Sie vertreten eine »Religion ohne Dogma«. Freilich stimmen sie mit den altkirchlichen Bekenntnissen inhaltlich überein. Sie halten sie aber für zweitrangig gegenüber der persönlichen Glaubenserfahrung, die sich in diesen alten Texten widerspiegelt. Dementsprechend verstehen sie sogar die Bibel. Sie lassen das Wort der Heiligen Schrift gelten, betonen aber die unmittelbare Führung und Erleuchtung durch den Heiligen Geist. Die Christusoffenbarung, die in der Bibel bezeugt ist, wird lebendig und gegenwärtig in der inneren Offenbarung, dem »Christus in uns« (Galater 2,20). Aus der Sicht des Hauptstroms der Reformation bewegt sich diese Relativierung des »von außen« kommenden Wortes Gottes samt dem Fehlen der Sakramente freilich im Bereich der »Heterodoxie«, einer dogmatischen Eigenwilligkeit.

Der ernsthafte Glaube der Quäker zeigt sich in ihrem Christentum der Tat. Die Quäker gehören zu den »historischen Friedenskirchen«. Sie lehnen Krieg und Kriegsdienst ab, ferner die Todesstrafe, die Sklaverei, die Diskriminierung irgendwelcher Menschengruppen und den Eid. In ihrer Erklärung von 1661 heißt es: »Wir wissen bestimmt und bekennen es der Welt, daß der Geist Christi, der uns zur vollen Wahrheit führt, uns niemals zu Kampf und Krieg gegen irgendeinen Menschen mit äußeren Waffen bewegen wird, weder für das Ewige Reich Christi noch für die Königreiche der Welt.«[123]

Der Quäker William Penn (1644–1718) gründete in Nordamerika 1683 den Staat Pennsylvania und verankerte die Religionsfreiheit in der Verfassung. Die Quäker sind an der Überwindung der Sklaverei im 18. Jahrhundert beteiligt gewesen. Für seine Hilfe für Notleidende während und nach dem Zweiten Weltkrieg (unter anderem die sog. »Quäkerspeisung«) erhielt 1947 das »Friends Service Commitee« (»Hilfskommitee der Freunde«) den Friedensnobelpreis.

Die weltweit etwa 200000 bis 250000 Quäker sind in Deutschland sehr schwach, in den USA, in Kenia und in Großbritannien dafür stärker vertreten. Ihr Dachverband ist seit 1937 das »Weltkomitee der

Freunde für gegenseitige Beratung« (Friends World Commitee for Consultation). Die Denominationen in den USA und in Kanada sind Mitgliedskirchen des Ökumenischen Rates der Kirchen.

## h) Brüderunität

Weit über ihren Mitgliederstamm hinaus ist die »Herrnhuter Brüdergemeine« durch die »Losungen« einflußreich geworden. Sie hatte sich 1727 in Herrnhut in der Oberlausitz konstituiert. Sie trägt auch die Bezeichnungen »Unitas Fratrum«, »Evangelische Brüder-Unität« oder »Moravian Church« (= Mährische Kirche).

Die Brüderunität ist weniger eine besondere reformatorische Konfession, sondern eher eine Gemeinschaft im Sinn der evangelisch-unierten Kirchen, welche die Bekenntnisse der verschiedenen reformatorischen Kirchen anerkennt.

Die gesamtprotestantische Tendenz der Brüderunität zeigt sich in ihrer Entstehungsgeschichte. Der Lutheraner Graf Nikolaus von Zinzendorf (1700–1760) nahm 1722 in seinem Gut Berthelsdorf mährische Emigranten auf, die zu den Nachfahren der 1467 gegründeten Böhmischen Brüderunität gehörten. In Anknüpfung an die böhmisch-mährische Unitas Fratrum wurde am 13. August 1727 bei einer großen Abendmahlsfeier in Herrnhut die Brüderunität erneuert. Der reformierte Berliner Oberhofprediger Daniel Ernst Jablonsky (1660–1741) weihte David Nitschmann und Zinzendorf zu Bischöfen der Brüderunität.

Zinzendorf war an der Rechtfertigung allein aus Gnade orientiert, die in der versöhnenden Kraft des Blutes Jesu Christi begründet ist und sich in persönlicher Herzensfrömmigkeit auswirkt.

Die ökumenische Haltung erweist sich unter anderem in Zinzendorfs »Tropenlehre«. Danach sind die verschiedenen Konfessionen Erziehungsformen und Gnadengaben Gottes, die zum Evangelium und schließlich zur Einheit aller »Kinder Gottes« führen werden.[124] In der Erklärung der Generalsynode der weltweiten Unitas Fratrum von 1957 heißt es: »Wir erkennen, daß durch die Gnade Christi den verschiedenen Kirchen viele Gaben geschenkt sind. Es ist unser Wunsch, voneinander zu lernen und dabei den Reichtum der Liebe Christi und die mannigfaltige Weisheit Gottes zu preisen ... Da wir mit der ganzen Christenheit auf der Wanderschaft sind dem kommenden Herrn entgegen, begrüßen wir jeden Schritt, der uns dem Ziel der Einheit in ihm näherbringt. Er lädt uns selbst zur Gemeinschaft an seinen Tisch.«[125]

Ihre Missionsarbeit hatte die Brüderunität bereits 1732 begonnen. Sie wurde damit auch für die Mission der anderen evangelischen Kirchen mustergültig. Wegen ihres missionarischen Wirkens ist die Brüderunität vor allem in den Ländern der Dritten Welt verbreitet. Nur ein Fünftel ihrer Mitglieder sind Weiße.

Auf allen Ebenen ist die Brüderunität presbyterial-synodal verfaßt. Ihre Gemeinden sind weltweit in 19 selbständigen Unitätsprovinzen zusammengeschlossen: darunter die »Europäisch-Festländische Brüderunität (Herrnhuter Brüdergemeine)«, die Provinz für Deutschland, die Schweiz, die Niederlande und Dänemark. In Deutschland ist die Brüderunität Gastmitglied der Vereinigung Evangelischer Freikirchen und zugleich ohne Stimmrecht der Evangelischen Kirche in Deutschland (EKD) angegliedert. Zur Evangelischen Brüder-Unität gehören weltweit über 500000 Mitglieder.

### *i) Methodistische Kirche*

Die methodistische Kirche erwuchs aus einer Erneuerungs- und Erweckungsbewegung innerhalb der anglikanischen Kirche. Ihr Begründer John Wesley (1703–1791) blieb sein Leben lang anglikanischer Priester. Erst nach seinem Tod wurde 1795 in England die methodistische Freikirche gegründet. In Nordamerika, wohin Wesleys Mitarbeiter George Whitefield (1714–1770) die methodistische Bewegung gebracht hatte, bildete sich schon 1784 die bischöfliche Methodistenkirche.

John Wesley und sein Bruder Charles (1707–1788), ebenfalls anglikanischer Geistlicher und später als einer der größten Gesangbuchliederdichter englischer Sprache berühmt, hatten 1729 in Oxford einen Bibelkreis gegründet. Er bekam den Spottnamen »Methodisten«, weil sich die Mitglieder in methodischer Strenge um das Bibelstudium und die persönliche Frömmigkeit bemühten. Die Brüder Wesley reisten 1735 nach Amerika. Dort sollte John zwei Jahre lang in Georgia unter Indianern missionieren. Auf der Schiffahrt wurden John und Charles Wesley von Mitgliedern der Brüderunität beeindruckt. John Wesley begegnete in Georgia 1736 August Gottlieb Spangenberg (1704–1792), einem der leitenden Köpfe der Brüderunität.

Nach England zurückgekehrt, besuchte John Wesley am 24. Mai 1738 eine Versammlung anglikanischer Christen in London. Als dort Martin Luthers Vorrede zum Römerbrief vorgelesen wurde, erfuhr Wesley seine Bekehrung. Er schreibt in seinem Tagebuch: »Ich wurde inne, daß ich für das Heil meiner Seele wirklich auf Christus vertraute, auf Christus allein. Dazu wurde mir die Gewißheit geschenkt, daß er meine Sünden, ja gerade die meinigen, weggenommen und mich vom Gesetz der Sünde und des Todes erlöst habe.«[126]

Die lutherische Lehre von der Rechtfertigung allein aus Gnade durch den Glauben bildet die Grundperspektive des Methodismus. Dazu kommt der Ruf zur Bekehrung und zu einer Heiligung, die sich aus der Rechtfertigung ergibt. Nach dem deutsch-englischen Katechismus von 1903 ist der christliche Heilsweg ein Werk des Heiligen Geistes an denen, die ihm nicht widerstehen, und zwar mit mehreren Stadien: »Er wirkt wahre Buße, lebendigen Glauben, die Wiedergeburt und das Zeugnis der Kindschaft und macht sie tüchtig zum Erbteil der Heiligen.«[127] Das Luthertum und der Pietismus der Brüderunität sind hier zusammengeflossen.

Wesley vertrat keine strenge Lehre von der Prädestination (Vorherbestimmung). An diesem Punkt war er von der anglikanischen Tradition beeinflußt. Die Christen können sich der Gnade verweigern. Sie haben aber trotz ihrer Sünde noch so viel vom Bild Gottes in sich, daß sie sich der Gnade auch öffnen können. Die Heilsgewißheit allerdings liegt allein in Christus, nicht in unseren glaubenden Antworten auf die Gnade.

John Wesley zog als Reiseprediger umher und sammelte Kleinkreise und Hauskreise, die meist von Laienpredigern betreut wurden. Wenn die anglikanische Staatskirche, die Church of England, ihre Räumlichkeiten verweigerte, wurden Gottesdienste und Evangelisationen unter freiem Himmel oder im Zelt abgehalten.

Das soziale Engagement bildet im Methodismus einen Schwerpunkt. Hier kommt der Zusammenhang von Rechtfertigung (also daß wir von Gott angenommen und gerechtgesprochen sind) und Heiligung (die Konsequenzen im täglichen Leben) zum Tragen. Die Methodisten bekämpften von Anfang an die Sklaverei. Sie betrieben Sozialfürsorge und Erwachsenenbildung. Sie setzten sich für verbesserte Arbeitsbedingungen der Industriearbeiter ein, und diese wurden in großer Zahl durch die Evangelisationen erreicht. Vor allem den Methodisten ist es zu verdanken, daß es in den angelsächsischen Ländern zu keiner allgemeinen Entfremdung der Arbeiterschaft vom Christentum gekommen ist. 1908 wurde ein »Soziales Bekenntnis« (social creed) formuliert. Es gehört zu den Grundsätzen der methodistischen Lehre.

Das allgemeine Priestertum der Glaubenden drückt sich darin aus, daß alle Mitglieder am Gemeindeleben teilnehmen und ihren Glauben im Alltag bezeugen. Laienprediger und Predigthelfer arbeiten neben den Pastoren. Nicht alle Getauften sind automatisch volle Kirchenmitglieder. Es wird unterschieden zwischen »Kirchenangehörigen« und »Kirchengliedern«: Nur wer sich freiwillig dafür entscheidet, wird im Gottesdienst feierlich als Vollmitglied aufgenommen.

Zu den besonderen Bekenntnissen der Methodisten zählen die »24 Artikel«, eine von John Wesley 1784 vorgenommene Kürzung der anglikanischen »39 Artikel«, mit starker Berücksichtigung des lutherischen Augsburger Bekenntnisses. Lutherischer, anglikanischer und pietistischer Einfluß verbinden sich in den drei Instrumenten zur Auslegung der Heiligen Schrift: »Die überlieferten Lehrnormen, die Erfahrung der Glaubenden und die Vernunft als von Gott geschenkte Gabe.«[128]

Die United Methodist Church ist 1968 entstanden als Zusammenschluß der Bischöflichen Methodistenkirche und der in Deutschland unter dem Namen »Evangelische Gemeinschaft« bekannten Evangelical United Brethren Church. Ähnlich wie bei den Anglikanern und den Reformierten und stärker als im Luthertum wird in der United Methodist Church auf verbindliche Kirchenstrukturen großer Wert gelegt. Die Kirchenverfassung ist presbyterial-synodal. Die Gemeinden sind in einem Verbund von Konferenzen zusammengeschlossen. Auf der Ortsebene umfaßt die Bezirkskonferenz mehrere Gemeinden. Die vom Superintendenten geleitete Distriktkonferenz bindet mehrere Bezirke zusammen, die Jährliche Konferenz mehrere Distrikte. An der Spitze der Zentralkonferenz, die mehrere jährliche Konferenzen umschließt, steht der Bischof.

Oberstes Organ der United Methodist Church auf Weltebene ist die Generalkonferenz. Jährliche Konferenz, Zentralkonferenz und Generalkonferenz sind paritätisch mit Pastoren und Laien besetzt. Zur United Methodist Church gehört in Deutschland die Evangelisch-methodistische Kirche (EMK). Ihr Bischof hat seinen Sitz in Frankfurt am Main.

Im Ökumenischen Rat der Kirchen sind die Methodisten aktiv dabei. Der ökumenische Pionier John Raleigh Mott (1865–1955), der 1895 den Christlichen Studentenweltbund mitbegründete, ist Methodist gewesen. Die Methodistenkirche stellte bereits zwei Generalsekretäre des Ökumenischen Rates der Kirchen: Philip A. Potter in den Jahren 1972–1984 und Emilio Castro in den Jahren 1985–1992. Da die Methodisten auch pietistisch-evangelikale Wurzeln haben und in der Evangelischen Allianz mitarbeiten, bilden sie ein wichtiges Bindeglied zwischen »Ökumenikern« und Evangelikalen.

Die United Methodist Church ist die größte von 62 Mitgliedskirchen des 1881 gegründeten Weltrats Methodistischer Kirchen (World Methodist Council). Dieser Weltrat umfaßt etwa 70 Millionen Menschen, davon 20 Millionen Kirchenglieder und 50 Millionen Kirchenangehörige und Freunde.

Aus der amerikanischen Methodistenkirche hat sich 1895 die *Kirche des Nazareners* verselbständigt. Sie hat weltweit über eine Million Mitglieder; seit 1960 hat sie auch in der Bundesrepublik Deutschland Fuß gefaßt. Sie ist Mitglied der »Vereinigung evangelischer Freikirchen«. Es bestehen keine Unterschiede zur Lehre der Methodistenkirche. Nur ist die Position eindeutig evangelikal: »Wir glauben an die fehlerlose Inspiration der Heiligen Schrift.«[129] Nachdruck wird gelegt auf die Heiligung, die aus der Rechtfertigung folgt, ohne daß damit einem Perfektionismus das Wort geredet wäre, also der Meinung, wir könnten die Sündlosigkeit erreichen. Das Gebet um Krankenheilung wird geübt, aber nicht als Alternative zur ärztlichen Bemühung.

## *k) Disciples of Christ (Jünger Christi)*

Den Baptisten und den Reformierten nahe verwandt sind die Disciples of Christ (Jünger Christi). Sie stammen aus den USA und sind dort auch am stärksten verbreitet.

Thomas Campbell (1763–1854) und sein Sohn Alexander (1788–1866) gründeten 1832 Gemeinden mit der Bezeichnung »Christian Churches (Disciples of Christ)«. Sie wollten in der Rückkehr zur urchristlichen Einfachheit die christlichen Trennungen überwinden. Die ökumenische Haltung, die sich auch in der Mitarbeit im Ökumenischen Rat der Kirchen äußert, zeigt sich im Gründungsdokument der Disciples of Christ, Thomas Campbells »Declaration and Address« von 1809: »Die Kirche Christi auf Erden ist ihrem Wesen, ihrer Absicht und Verfassung nach Eine; sie besteht aus all denen, die an jedem Ort ihren christlichen Glauben bekennen und ihren Gehorsam gegenüber Christus in allen Dingen nach der Schrift.«[130]

Die Disciples of Christ feiern jeden Sonntag das Abendmahl. Sie praktizieren die Erwachsenentaufe, erkennen aber wie die Mennoniten auch die Kindertaufe als legitim an. Die kongregationalistisch verfaßten Kirchen haben seit 1930 einen weltweiten Dachverband, den »Weltkonvent der Kirchen Christi (Jünger Christi)« = »World Convention of Churches of Christ (Disciples)«, mit zwei Millionen Mitgliedern.

Von den Disciples of Christ hat sich 1906 ein konservativer Flügel getrennt. Daraus entstanden die »Churches of Christ« (Kirchen Christi; Gemeinden Christi). Sie vertreten eine fundamentalistische Bibelauffassung. Sie lehnen die Kirchenmusik und die kirchlichen Festtage ab, weil davon nichts in der Bibel zu finden sei. Sie erkennen die Kindertaufe nicht an. Andere Kirchen werden abgelehnt. So befinden sich die Churches of Christ am ultrakonservativen Rand des Protestantismus und zeigen eine sektiererische Haltung. Sie zählen etwa zwei Millionen Mitglieder.

Eine dritte Gruppe, mit etwa einer Millionen Mitgliedern, sind die »Christian Churches«. Sie stehen ihrer Position nach zwischen den ökumenisch aufgeschlossenen Disciples of Christ und den fundamentalistischen Churches of Christ.

## *l) Freie evangelische Gemeinden*

Für die »Freien evangelischen Gemeinden« bedeutet Freikirche zunächst, daß sich ihre Mitglieder freiwillig entschieden haben. Es bedeutet aber auch Abgrenzung von einer Volkskirche, die für alle offen ist. Sie praktizieren deshalb nur die Erwachsenen- oder Gläubigentaufe. Die Taufe ist aber nicht die Voraussetzung für eine Mitgliedschaft. Wer als Kind in einer anderen Kirche getauft wurde und sich später den Freien evangelischen Gemeinden anschließt, wird nicht nochmals getauft. Die Gemeinden sind streng an der Bibel als dem alleinigen Wort Gottes ausgerichtet.

Im Zuge der Erweckungsbewegung bildeten sich freie evangelische Gemeinden Anfang des 19. Jahrhunderts in der Schweiz und in Frankfurt. 1854 gründete der Kaufmann Hermann Heinrich Grafe (1818–1865) in Elberfeld-Barmen die erste Gemeinde in Deutschland. 1874 schlossen sich 22 »Abendmahlsgemeinschaften« zu einem Verband zusammen, der seit 1928 »Bund Freier evangelischer Gemeinden« heißt. Die örtlichen Gemeinden sind weitgehend selbständig. Weltweiter Dachverband ist der »Internationale Bund Freier evangelischer Gemeinden« mit 300000 erwachsenen Mitgliedern. Er wurde 1949 gegründet. Die Freien evangelischen Gemeinden arbeiten in der Evangelischen Allianz mit. Verbindungen zum Ökumenischen Rat der Kirchen lehnen sie ab.

## *m) Heilsarmee*

Die Heilsarmee ist auch an Orten bekannt, wo die etablierten Kirchen nur schwer Zugang finden: in den Elendsquartieren der Städte, in Bordellvierteln, im nächtlichen Treiben der Großstädte. Die Heilsarmisten (Salutisten) sind häufig belächelt worden wegen ihres Auftretens mit Gitarren und Chören, ihres evangelistischen Drängens, ihrer Uniformen und ihrer paramilitärischen Struktur.

Die normalen Mitglieder sind »Heilssoldaten«, ihre örtlichen Gemeinden »Korps«. Ein Korps wird vom hauptamtlichen Korpsoffizier geleitet. Der Divisionsoffizier oder Major leitet die Gemeinden einer Region, der Kommandeur im Nationalen Hauptquartier die Einheiten eines Landes. Oberster Befehlshaber der weltweiten »Salvation Army«, die ihr internationales Hauptquartier in London hat, ist der General. Alle Funktionen einschließlich des Generals, dem der »Hohe Rat« der 82 nationalen Kommandeure zur Seite steht, können auch von Frauen ausgeübt werden.

Die paramilitärische Struktur ist nicht Ausdruck einer militanten Haltung. Die Heilsarmee kämpft nur mit »geistlichen Waffen« (vgl. dazu Epheser 6,10–17). Sie führt Feldzüge gegen Sünde und Elend. Das hat ihr Achtung verschafft. Die Heilsarmisten setzen sich für Menschen ein, die in der Gosse gelandet sind, für Alkoholiker, Kriminelle, Drogensüchtige, Prostituierte, Strafentlassene. Sie machen ihre soziale Hilfe nicht von vorausgehender Bekehrung abhängig.

Theologisch kommen die Heilsarmisten aus der Erweckungsbewegung, und sie sind besorgt um das Seelenheil der glaubensfernen Massen und der unter die Räder Gekommenen. Die Heilsarmisten beschränken sich also nicht auf soziale Arbeit, sondern richten das Evangelium aus und rufen zur Umkehr. William Booth (1829–1912), der Gründer und erste General, drückte das so aus: »Wie Leib und Seele den einen Menschen bilden, so bilden Religiöses und Soziales die Heilsarmee.«[131]

Die Heilsarmee ging aus der Methodistenkirche hervor. William Booth, ursprünglich methodistischer Pastor, betätigte sich ab 1861 als freier Evangelist. 1865 begründete er mit seiner Frau in den Elendsvierteln von East-London eine evangelistische und soziale Arbeit, die 1878 den Namen »Salvation Army« bekam. Der Aufbau einer eigenen Kirche war nicht beabsichtigt, ergab sich aber, da die unkonventionellen Arbeitsformen in den bestehenden protestantischen Kirchen nicht akzeptiert wurden. Die Menschen, die durch die Heilsarmee bekehrt wurden, hatten sich oft nicht in ihre angestammten Kirchengemeinden einbeziehen lassen.

Theologisch stimmt die Heilsarmee weitgehend mit der Methodistenkirche überein. Unterschiede liegen im stark evangelistischen Stil und im frei strukturierten Gottesdienstablauf. »In den Gottesdiensten der Heilsarmee gibt es keine Liturgie. Die Versammlungen haben keine festgelegte Form, enthalten aber immer Gebete, Gesang, Zeugnisse von Bekehrungen und Erfahrungsberichte über die Hilfe Gottes. Die Bibelauslegung zielt immer auf eine Entscheidung hin, und an der

Bußbank betet der Suchende um Sündenvergebung und neue Kraft. In den meisten Fällen wird ihm ein Salutist im Gebet beistehen. Eine wichtige Rolle spielen die Freiversammlungen auf Straßen und Plätzen und überall, wo Menschen erreicht werden. Auch Krankenhäuser und Gefängnisse werden besucht. Missionen auf Höfen und in Gaststätten sind ein Teil der öffentlichen Aktivität.«[132]

Folgende »Kriegsartikel« müssen von jedem Heilssoldaten (Salutisten) unterschrieben werden: »1. Bekenntnis der persönlichen Erfahrung des Heils, 2. Gelübde der Trennung von der Welt und der Treue zu Jesus Christus, 3. Gelübde der Treue zur Heilsarmee, die unter anderem im Gehorsam den Offizieren gegenüber Ausdruck finden sollte, 4. Bekenntnis des Glaubens an die Möglichkeit eines heiligen Lebens, 5. Gelübde der gänzlichen Enthaltsamkeit von allen berauschenden Getränken und verderblichen Rauschgiften, 6. Versprechen, jede freie Zeit, alle verfügbaren Kräfte und Gelder der Förderung des Heilskrieges zu weihen.«[133]

Im Unterschied zu fast allen anderen christlichen Kirchen werden bei der Heilsarmee Taufe und Abendmahl nicht gespendet. Manche Heilsarmisten sind aber zugleich Mitglieder anderer protestantischer Kirchen. Dort die Sakramente zu empfangen ist ihnen seitens der Heilsarmee gestattet.

Die drei Millionen Mitglieder umfassende Heilsarmee, die seit 1886 auch in Deutschland besteht, arbeitet mit in der ökumenischen Bewegung. Es gilt der Grundsatz, »die Lehre, das gottesdienstliche Leben und die Organisation anderer Kirchen nicht zu kritisieren.«[134] Aufsehen erregte die Heilsarmee 1978, als sie ihre Mitgliedschaft im Ökumenischen Rat der Kirchen ruhen ließ, weil dieser Befreiungsbewegungen in Südafrika unterstütze, die auch zu den Waffen griffen. 1981 nahm sie aber den Status einer »befreundeten Organisation« an.

### *n) Pfingstbewegung*

Wir haben es bei den sehr unterschiedlichen Pfingstgemeinden mit dem jüngsten Zweig des Protestantismus zu tun.[135] Die Pfingstbewegung ist in den USA auf baptistischem und methodistischem, in Europa auf lutherischem und reformiertem Boden gewachsen. Lehrmäßig ist sie von der einen oder anderen protestantischen Tradition beeinflußt. Nur an den Rändern wird man von Sektierertum reden können, nämlich in Gemeinden, die sich selbst für vollkommen halten, Christen anderer Konfessionen, Traditionen und Frömmigkeitsformen für ungläubig ansehen und den verschiedenen Kirchen eine christliche Daseinsberechtigung absprechen.

Die Vielfalt der Pfingstbewegung äußert sich in den unterschiedlichsten theologischen Prägungen und Organisationsformen. Es gibt völlig selbständige Einzelgemeinden, aber auch presbyterial-synodal gegliederte nationale Gemeindeverbände oder gar von einem Bischof geleitete Nationalkirchen.

Unterschiedlich ist auch die Stellung zur Ökumene. Neben Gruppen, die sich abkapseln, stehen große Pfingstkirchen in Brasilien und Chile, die dem Ökumenischen Rat der Kirchen beigetreten sind, sowie Gemeindeverbände, die in nationalen Arbeitsgemeinschaften Christlicher Kirchen mitarbeiten.

Das Besondere der Pfingstbewegung ist die Erfahrung des Heiligen Geistes. Sie wird als Zeichen der Endzeit gedeutet. Zurückgeführt wird diese Erfahrung auf die Ausgießung des Heiligen Geistes, wie sie in Apostelgeschichte 2,1–13 erzählt ist: Die am Pfingsttag in Jerusalem versammelten Christen konnten durch den Heiligen Geist plötzlich in fremden Sprachen sprechen und sich untereinander verstehen.

In Korinth gab es das Phänomen der »Zungenrede« (1. Korinther 14). Das ist ein Ausstoßen von Lauten, über das die davon Ergriffenen keine Verfügungsgewalt haben. Erst durch Auslegung wird die Zungenrede in verständliche Rede übersetzt.

Zungenrede, Krankenheilung und Prophetie (das Sprechen aus unmittelbarer Eingebung des Heiligen Geistes) sind die drei urchristlichen Geistesgaben, die in den Pfingstgemeinden besonders gepflegt werden. Sie werden aber nicht allen Gemeindemitgliedern oder auch nur allen Predigern zuteil. In manchen Gemeinden wird die Zungenrede als Ausweis des Ergriffenseins vom Heiligen Geist angesehen. Ausschlaggebend für gläubiges Christsein ist aber nicht das Zungenreden als solches, das nicht mehr und nicht weniger als eine Begleiterscheinung ist, sondern die »Geistestaufe« selbst.

Diese Geistestaufe kennt anders als die Wassertaufe kein bestimmtes Ritual. Sie ist eine übermächtige Gotteserfahrung, die den bereits wiedergeborenen Christen trifft, wo und wann es dem Heiligen Geist gefällt.

Nach pfingstlerischer Überzeugung gehört die Geistestaufe zum vollen Christsein (vgl. dazu Apostelgeschichte 1,5; Markus 1,8–10; Johannes 1,33; 3,8).

Die Unterscheidung von »Bekehrung« und »Geistestaufe« als den beiden Etappen des Heilswegs ist pfingstlerischer Grundkonsens. Die Umkehr vom gottfernen Leben und der Empfang der Sündenvergebung stehen am Anfang ernsthaften Christenlebens. Die Fülle des Christseins setzt aber die Geistestaufe voraus, nämlich eine Erfahrung des Heiligen Geistes, die das ganze Leben erschüttert und Heilsgewißheit schenkt. Die deutsche Pfingstkirche, die den evangelischen Landeskirchen am nächsten steht, der »Christliche Gemeinschaftsverband Mülheim/Ruhr«, sieht die Geistestaufe eng mit der Bekehrung zusammen und hebt hier mehr auf den Rechtfertigungsglauben und die Lebensführung ab als auf außerordentliche geistliche Erlebnisse: »Geistliches Leben ist ein Wachstums- und Heiligungsprozeß. In seinem Verlauf wird die Wirksamkeit des Heiligen Geistes auch immer wieder nach außen sichtbar. Diese sogenannten Geistesdurchbrüche sind häufig verbunden mit dem Auftreten geistlicher Gaben, zum Beispiel mit dem Phänomen des Betens in anderen Zungen. Sie sind keine höhere Heilsstufe, sondern eine gottgewollte Entfaltung des geistlichen Lebens. Hier wird der gesamte Mensch ergriffen und von Gott gebraucht. Die Wirksamkeit des Heiligen Geistes zeigt sich nicht nur in Gnadengaben (Charismata), sondern vordringlich in der Frucht des Geistes im Leben des einzelnen Gläubigen.«[136]

Auf der Heiligung liegt ein besonderes Gewicht, neben der Geistestaufe und den Geistesgaben (Charismen) der Zungenrede, der Prophetie und der Gebetsheilung. Die meisten Pfingstkirchen verstehen die Heiligung als eine nie abgeschlossene Bewegung. Einige Gruppen aber lehren einen »dreistufigen Heilsweg«: Bekehrung, Heiligung und Geistestaufe, als drei »zeitlich und sachlich zu unterscheidende religiöse Krisiserlebnisse«[137]. Diese Position ist vom reformatorischen Ansatz weiter entfernt, weil hier die Heiligung als feststellbare und in sich vollendete Etappe und nicht als ein ständiges Unterwegssein verstanden ist.

Der Geistestaufe geht normalerweise die Wassertaufe voraus. Sie wird meistens erst denen gespendet, die sich schon bekehrt haben und zu einem persönlichen Glauben gelangt sind. Die Kindertaufe wird bei einem Teil der Pfingstkirchen aber trotzdem als gültige Taufe anerkannt.

In den Gottesdiensten wird nur in Ausnahmefällen die Zungenrede geübt. Doch ist Raum für Spontaneität und Unerwartetes, etwa im freien Gebet und im Zeugnis von eigenen Glaubenserfahrungen. Die reformatorische Kritik an den »Enthusiasten«, die den Geist ohne das Wort haben wollen, trifft auf die Pfingstbewegung im ganzen nicht zu, da auch hier die Heilige Schrift Glaubensquelle und Maßstab ist.

Die Pfingstbewegung vertritt evangelikale und damit biblizistische, d. h. streng bibelbezogene Positionen. Doch bedeutet das nicht in jedem Fall Fundamentalismus. Weder der 1913 gegründete Christliche Gemeinschaftsverband Mülheim/Ruhr noch etwa die zum Ökumenischen Rat der Kirchen gehörenden lateinamerikanischen Pfingstkirchen vertreten die wortwörtliche Inspiration der Bibel.

Als Geburtsstunde der Pfingstgemeinden wird eine große Erweckung am 9. April 1906 in Los Angeles angesehen: Bei einer Gebetsversammlung, die der schwarze Prediger und spätere Bischof William J. Seymour (1870–1922) leitete, wurden die Menschen vom Heiligen Geist ergriffen. Der Raum wurde bald zu eng. So wurde in der Azusa Street eine Kapelle gemietet. Die Azusa-Street-Mission regte pfingstliche Erweckungen in ganz Nordamerika und in Europa an.

Die deutsche Pfingstbewegung erwuchs auf dem Boden der pietistischen Gemeinschaftsbewegung, zu der auch ihr langjähriger Repräsentant gehört hatte, Pastor Jonathan Paul (1853–1931). 1907 kam es zum Zungenreden in Hamburg und in Kassel. Im dortigen Blaukreuzheim gab es mehrere Wochen lang »Heiligungsversammlungen« mit zum Teil turbulenten ekstatischen Vorgängen. Der Gnadauer Verband (Dachverband der Gemeinschaftsbewegung in Deutschland) distanzierte sich in der Berliner Erklärung vom 15.9.1909: »Die sogenannte Pfingstbewegung ist nicht von oben, sondern von unten. Sie hat viele Erscheinungen mit dem Spiritismus gemein. Es wirken in ihr Dämonen, welche, vom Satan mit List geleitet, Lügen und

Wahrheit vermengen. In vielen Fällen haben sich die sogenannten Geistbegabten nachträglich als Besessene erwiesen. Der Geist dieser Bewegung bringt geistige und körperliche Machtwirkungen hervor, dennoch ist es ein falscher Geist. Wir lassen dahingestellt, wieviel davon dämonisch, wieviel hysterisch ist. Gottgewirkt sind solche Erscheinungen nicht. Der Geist führt sich durch das Wort Gottes ein, drängt es aber in den Hintergrund durch sogenannte Weissagungen – eine große Gefahr!«[138]

In der Mülheimer Erklärung vom 29. September 1909 gab die Pfingstbewegung Fehler zu. Doch wurde der Berliner Erklärung entgegengehalten: »Wir danken dem Herrn für die jetzige Geistesbewegung. Wir sehen sie als den Anfang einer göttlichen Antwort auf die jahrelangen Glaubensgebete um eine weltumfassende Erweckung. Wir erkennen also in ihr eine Gabe von oben und nicht von unten.«[139]

1914 verbanden sich zahlreiche Pfingstgemeinschaften in den USA zu den »Assemblies of God«. Ihnen verwandt ist die 1947 gegründete »Arbeitsgemeinschaft der Christengemeinden Deutschlands«, seit 1982 »Bund Freikirchlicher Pfingstgemeinden in Deutschland«. Weitere große Pfingstkirchen in den USA sind die schwarze »Church of God in Christ« und die »Church of God (Cleveland)«, zu der in Deutschland die »Gemeinde Gottes e.V.« gehört. In Deutschland sind unter den weiteren nichtsektiererischen Gruppen die »Volksmission entschiedener Christen« (1988 in den »Bund Freikirchlicher Pfingstgemeinden« aufgenommen) und die »Apostolische Kirche – Urchristliche Mission in Deutschland« zu erwähnen. Die genannten deutschen Gruppen haben 1979 im »Forum Freikirchlicher Pfingstgemeinden« eine Plattform für regelmäßige Kontakte untereinander gefunden. Austritt aus der Landeskirche ist nur bei der »Gemeinde Gottes e. V.« gefordert.

Die lateinamerikanischen Pfingstkirchen sind der zur Zeit am stärksten wachsende Teil des Weltprotestantismus. Verbreitet ist die Pfingstbewegung auch in Afrika und Indonesien. Die Pfingstler in den Ländern der ehemaligen Sowjetunion gehören meistens zum »Allunionsrat der Evangeliumschristen – Baptisten«.

Mit der »Weltpfingstkonferenz« (Pentecostal World Conference), die alle drei Jahre stattfindet, haben die Pfingstkirchen seit 1947 ein internationales Forum.

Zur Pfingstbewegung sind mindestens 60 Millionen getaufte Christen zu rechnen. Zusammen mit den nichtgetauften Angehörigen und Anhängern sind das mindestens 120 Millionen Menschen. Nach Schätzungen des Religionsstatistikers David B. Barrett gehörten 1996 sogar 480 Millionen Menschen zu den »Charismatikern und Pfingstlern«. Darunter sind aber auch charismatisch und pfingstlerisch ausgerichtete Mitglieder anderer Konfessionsfamilien gezählt.

Nicht mit den Pfingstkirchen zu verwechseln, auch wenn sie deren Anliegen teilweise aufgreifen, ist die *Charismatische Bewegung*, die seit etwa 1962 manche protestantischen und römisch-katholischen Kreise erfaßt hat. Sie betont besonders die »Gnadengaben« des Heiligen Geistes, wie sie in 1. Korinther 12–14 beschrieben sind.

In sachlicher Nähe zu den Pfingstkirchen, aber nur zum Teil oder gar nicht in historischem Zusammenhang mit ihnen, stehen die etwa 6000 *afrikanischen »unabhängigen Kirchen«* mit 20 bis 40 Millionen Mitgliedern. Unter ihnen ist besonders die Kimbanguistenkirche (in Zaire und Nachbarländern) bekanntgeworden, die »Kirche Jesu Christi auf Erden durch den Propheten Simon Kimbangu«. Zu ihr gehören in der Demokratischen Republik Kongo (Zaire) 5 Millionen Menschen. Die Kimbanguistenkirche ist 1969 in den Ökumenischen Rat der Kirchen aufgenommen worden.

Der als Baptist getaufte Simon Kimbangu (um 1889–1951) vollzog seit 1921 im Namen Jesu Christi Krankenheilungen und predigte. Fast 40 Jahre lang wurden seine Anhänger verfolgt. Er selbst starb im Gefängnis. Die Lehre der Kimbanguistenkirche ist bibelbezogen und trinitarisch.

Die Kimbanguistenkirche hat wie die anderen afrikanischen unabhängigen Kirchen afrikanische Bräuche beibehalten, soweit sie nicht dem Evangelium widersprechen. Sie bemüht sich somit um die Einpflanzung des Evangeliums in die eigene afrikanische Kultur. Die Wassertaufe wird nicht praktiziert. Beim Abendmahl, das erst seit 1971 gefeiert wird, wird statt Brot ein Gebäck aus Kartoffeln, Mais und Bananen verwendet, und statt Wein Honigwasser. Die Gottesdienste und Feste haben einen ganzheitlichen, Leib, Seele und Geist einbeziehenden Charakter. Wie die Erfahrung der durch Jesus Christus gewirkten Erlösung von der Sünde werden Heilung von Krankheit und von Besessenheit als machtvolles Wirken des Heiligen Geistes verstanden.[140] Vieles klingt hier recht »heterodox«, was aber die Einbindung in die ökumenische Gemeinschaft nicht verhindert hat.

## o) Siebenten-Tags-Adventisten

Entgegen der bis vor kurzem üblichen Klassifizierung sind die »Siebenten-Tags-Adventisten« nicht als Sondergemeinschaft zu verstehen. Sie gehören in den Rahmen der reformatorischen Konfessionsverwandten. Sie zeigen sich ökumenisch aufgeschlossen und bezeichnen sich konsequent als »protestantische Freikirche«.[141] Seit den inoffiziellen Gesprächen 1965 bis 1972 pflegen sie Kontakte zum Ökumenischen Rat der Kirchen. Sie haben eine wissenschaftliche Theologie entwickelt.

Die Adventisten bejahen die evangelische Lehre in einer calvinistischen, das Gesetz des Alten Testaments betonenden Färbung, und sie erkennen das altkirchliche Dogma an. Ihr Verständnis von der Inspiration der Bibel ist biblizistisch, ihre Rechtfertigungslehre reformatorisch. Erwachsene werden durch Untertauchen getauft. Wie bei den Baptisten wird die Kindertaufe nicht anerkannt, immerhin aber die Taufe gläubiger Erwachsener in anderen Kirchen.

Eine Besonderheit der Adventisten ist die strenge Heiligung des Sabbats, also das Ruhen der Arbeit von Freitagabend bis Samstagabend. Die Gemeindemitglieder geben den Zehnten ihres Einkommens für die Gemeindearbeit ab. Es bestehen strenge Gesundheitsvorschriften. Auf Alkohol, Nikotin und Schweinefleisch muß verzichtet werden. Von Kaffee und Tee wird abgeraten. Vegetarische Kost wird empfohlen.

Ein Kennzeichen der Adventisten ist auch die apokalyptische Haltung: Sie erwarten die baldige Wiederkunft Jesu Christi (vgl. Offenbarung 14,6–12). Die Adventisten bezeichnen sich selbst als »reformatorische Endzeitgemeinde«.

Die Adventistenkirche hat ihre Vorgeschichte in den Ankündigungen des Weltendes durch den amerikanischen baptistischen Prediger William Miller (1782–1849). Seine Berechnung der Wiederkunft Jesu Christi auf den Zeitraum 1843–1844 erwies sich als Fehlschlag, nachdem mit dem 21. März 1844 (Frühlingsbeginn) nichts geschehen war. Dann wurde das Datum 22. Oktober 1844 genannt. Die Anhänger der adventlichen Erweckungsbewegung (Advent = Ankunft) gingen erwartungsvoll auf diesen Tag zu. Die Enttäuschung war um so größer. Die Baptisten schlossen William Miller 1845 aus.

Millers apokalyptische Bewegung orientierte sich neu. Der 22. Oktober 1844 wurde nun verstanden als Beginn der Endzeit im Himmel: Christus ist innerhalb des himmlischen Heiligtums in das Allerheiligste eingetreten. Dort verrichtet er seinen Dienst der Versöhnung. Dort vollzieht er auch schon das Gericht, indem er die Begnadigten von den Verworfenen scheidet. Die baldige Wiederkunft Jesu Christi wird nach wie vor erwartet, doch ohne Datierung.

Mit ihren Visionen und ihren Schriften gab seit 1844 Ellen Gould White (1827–1915) den Ton an. Ihr Mann James White (1821–1881) organisierte die Siebenten-Tags-Adventisten, die sich nach 1860 in den USA und später auch in anderen Ländern (ab 1876 in Deutschland) in eigenen Gemeinden sammelten.

Seit 1874 wird Weltmission betrieben. Zur adventistischen Mission gehören Verkündigung, Bildungswesen und Gesundheitsdienst. Hier zeigt sich der enge Zusammenhang von Rechtfertigung und Heiligung, von Glaube und Lebensführung. In dem jährlich neu aufgelegten Faltblatt der Siebenten-Tags-Adventisten heißt es: »Christliches Leben umfaßt den ganzen Menschen und alle Bereiche des Daseins. Deshalb betonen Siebenten-Tags-Adventisten eine Lebensführung, die sich an der Bibel orientiert ... Überhaupt glauben wir: Heilung und Heil sind eng verbunden.«[142]

Die kongregationalistisch verfaßten Gemeinden mit ihren weltweit über 9 Millionen getauften Mitgliedern, zu denen etwa 12 Millionen Familienangehörige dazukommen, haben seit 1863 in der »Generalkonferenz der Siebenten-Tags-Adventisten« (General Conference of Seventh-Day-Adventists) einen Weltverband, mit alle 4 bis 5 Jahre tagenden Vollversammlungen. In Deutschland sind die Siebenten-Tags-Adventisten Gastmitglied in der Vereinigung Evangelischer Freikirchen (VEF) und in der Arbeitsgemeinschaft Christlicher Kirchen (ACK).

Vielleicht am ehesten im Anschluß an die Siebenten-Tags-Adventisten läßt sich eine Gruppe von Gemeinschaften behandeln, die nicht zu den Sondergemeinschaften zu rechnen sind, in den reformatorischen Konfessionsfamilien aber auch nirgends eindeutig anzusiedeln sind: die besonderen *judenchristlichen Gemeinden* oder Gemeinden der *»messianischen Juden«*.[143] Sie glauben an Jesus Christus als den Messias, den sie ganz im Rahmen des Volkes Israel und des Judentums sehen, und behalten jüdische Vorschriften und Bräuche weitgehend bei, etwa die hebräische Sprache im Gottesdienst und die Feier des Passa. Sie verstehen sich als Christen mit jüdischer Identität. Mit den Adventisten, mit denen sie direkt nichts zu tun haben, verbindet sie die Heiligung des Sabbats, die Erwartung der Wiederkunft Jesu Christi und eine biblizistisch-evangelikale Grundausrichtung.

1884 gründete der bessarabische Jude Josef Rabinowitsch (1837–1899), der 1882 auf dem Ölberg seine Bekehrung erfahren hatte, die »Kirche der Israeliten des Neuen Bundes«. 1944 gründete der russische Jude Abraham Poljak (1900–1963) eine »Judenchristliche Gemeinde«. Sie wurde 1954 in »Reichsbruderschaft Jesu Christi« umbenannt. Seit der Bildung des Staates Israel 1948 entstanden dort judenchristliche Gemeinden, seit 1970 auch in Nordamerika. Zu den judenchristlichen Gemeinden und den Gemeinden der »messianischen Juden« gehören weltweit wohl mindestens 15 000 Menschen. Es besteht ein Dachverband »International Federation of Messianic Jews«.

## *p) Christliche Unitarier*

Bis in die Reformationszeit reichen die Wurzeln der Unitarier zurück,[144] die zum »linken« oder »radikalen Flügel der Reformation« zu zählen sind. Sie sind tolerant gesonnen, suchen Glaube und Vernunft zu verbinden und erkennen die Bibel als maßgebende Glaubensquelle an. Im allgemeinen ist ihre Position liberal. Häufig ist sie aber auch »radikal«, sofern sie nämlich die biblische Botschaft auf einige wenige Grundgedanken reduzieren: Vaterschaft Gottes, Gotteskindschaft aller Menschen, ethisches Vorbild des vollkommenen Menschen Jesus, Mitarbeit am Fortschritt des Reiches Gottes in der Geschichte, ewiges Leben. Von Anfang an lehnen sie (wie die Arianer des 4. bis 6. Jahrhunderts) die Lehre von der Dreieinigkeit Gottes ab. Aus der Perspektive des Hauptstroms christlicher Überlieferung sind sie als »heterodox«, als eigenwillig zu qualifizieren. (»Häretisch« wären sie erst dann, wenn sie Gottes maßgebende Offenbarung in Jesus von Nazareth und das Wirken des Geistes Gottes im Leben der ernsthaft Glaubenden leugneten.)

Die älteste unitarische Kirche entstand 1568 in Siebenbürgen durch das Wirken des Reformators Franz David (1510–1579). Der italienische Humanist Fausto Sozzini (1539–1604) organisierte in Polen die antitrinitarischen Gemeinden und verfaßte den 1605 erschienenen Rakower Katechismus. Eine modernere Fassung der unitarischen Lehre bietet der ungarische Katechismus von 1864: »Die Heilige Schrift soll unter Achtung von Vernunft und Gewissen angenommen werden. Aus der Einzigartigkeit Gottes wird der Schluß gezogen, daß Christus keine Gottheit in sich habe, aber als vollkommenes menschliches Wesen Gottes Wesen illustriere. Der Heilige Geist gilt als Wechselbegriff für die in allen Menschen wirkende Gotteskraft.«[145]

Die erste unitarische Gemeinde in England gründete 1774 der ehemalige anglikanische Pfarrer Theophilus Lindsey (1723–1808). Die erste unitarische Gemeinde Nordamerikas bildete sich 1785 in der zuvor anglikanischen King's Chapel in Boston. Die 1825 gegründete American Unitarian Association kam aus dem liberalen Flügel der kongregationalistischen Gemeinden. 1961 schlossen sich die amerikanischen Unitarier mit den Universalisten, die eine universale Erlösung vertreten, zur Unitarian Universalist Association zusammen. Diese umfaßt merkwürdigerweise neben dem christlichen auch einen pantheistisch-freireligiösen Flügel. Ähnliches gilt heute für die Unitarier in Großbritannien.

Ein weltweiter Dachverband, der 1900 gegründete »Weltbund für religiöse Freiheit« (IARF – International Association for Religious Freedom) verbindet die etwa 200000 christlichen sowie die nichtchristlichen Unitarier mit liberalen Gemeinschaften und Gruppen aller Weltreligionen. Die IARF vertritt eine »Ökumene der Weltreligionen«, wie sie etwa Friedrich Heiler vorschwebte. Sie umfaßt etwa 7 bis 10 Millionen Menschen, darunter über 5 Millionen Buddhisten in Japan.

Den christlichen Unitariern steht die *»Tempelgesellschaft«* nahe. Sie erwuchs im 19. Jahrhundert aus apokalyptischen Erwartungen des württembergischen Pietismus, nach denen das Reich Gottes in Palästina seinen Anfang nehmen werde. Christoph Hoffmann (1815–1885), ein Sohn des ersten Leiters der Brüdergemeinde Korntal, gründete 1861 den »Deutschen Tempel« und 1868 zusammen mit anderen Auswanderern Tempelgemeinden in Palästina. Sie bewegten sich allmählich weg vom Pietismus und hin zum Liberalismus. Während des Zweiten Weltkriegs wurden sie von der britischen Mandatsregierung in Palästina großenteils nach Australien deportiert. Danach kehrten einige Templer nach Württemberg zurück, während andere in Australien blieben. An die Stelle der Taufe ist eine »Darstellung« der Kinder (eine Art Kindersegnung), an die Stelle des Abendmahls ein jährliches Dankfest getreten.[146] Im Mittelpunkt des theologischen Denkens steht das Reich Gottes und dessen irdische Verwirklichung. In Deutschland ist die Tempelgesellschaft korporativ dem »Bund für Freies Christentum«[147] angeschlossen, und über diesen gehört sie zum »Weltbund für religiöse Freiheit« (IARF). Von den 2000 Templern leben zwei Drittel in Australien (Temple Society Australia), ein Drittel in Deutschland. Gleichzeitige Mitgliedschaft in einer anderen Kirche ist zugelassen.

## *6.3 Evangelische Gemeinschaften und Richtungsgruppen*

Innerhalb der protestantischen Volkskirchen gehen die Richtungen oder Positionen teilweise recht weit auseinander. Das paßt zu der Pluralität von Standpunkten in der Gesellschaft. Schon im 19. Jahrhundert gab es in der Schweiz, in den Niederlanden und in Bremen »Richtungsgemeinden«, nämlich Kirchengemeinden, die etwa konservativ oder freisinnig-liberal oder (in der Schweiz) auch religiös-sozial geprägt waren. In der anglikanischen Church of England gab und gibt es Gemeinden, die hochkirchlich-anglokatholisch oder evangelikal oder modernistisch-liberal bestimmt sind.

In Deutschland wird seit etwa 1990 der Ruf nach »Richtungsgemeinden« innerhalb der Landeskirchen laut. Solche Richtungsgemeinden könnten neben den etablierten örtlichen Kirchengemeinden organisiert werden, als theologisch und spirituell in bestimmter Weise geprägte »Personalgemeinden«, die aus »Personen« bestehen, welche sich ohne Rücksicht auf ihren Wohnort zur Mitgliedschaft in diesen Gemeinden entschieden haben, dabei aber im Verbund des jeweiligen Kirchenkreises bleiben. Unabhängig davon hat manche Kirchengemeinde eine konservative oder evangelikal-pietistische oder eine liberale Färbung. Trotzdem können in solchen stärker in der einen oder anderen Richtung geprägten örtlichen Kirchengemeinden, falls man sich um gegenseitige Toleranz bemüht, im allgemeinen auch Kirchenmitglieder, die anderen Positionen zuneigen, eine innere Heimat finden.

Vor allem im mitteleuropäischen und im skandinavischen Protestantismus gibt es das Phänomen der pietistischen »Gemeinschaften«. Diese gehören zu den jeweiligen Landeskirchen, pflegen aber zugleich ein eigenes geistliches Leben unter Gleichgesinnten. Es handelt sich hier nicht um Richtungsgemeinden, wohl aber um Richtungsgruppen.

Dazu gibt es außerhalb des Pietismus Entsprechungen, etwa in der dem Pietismus in der strengen Bibelbezogenheit verwandten Charismatischen Bewegung, im theologischen Liberalismus, in hochkirchlichen Kreisen oder in den meist römisch-katholischen Basisgemeinden Lateinamerikas, die von der Befreiungstheologie inspiriert sind. Vergleichbar ist auch die weitgehend römisch-katholische, aber für Christen anderer Konfessionen offene Fokolare-Bewegung.

### *a) Pietistische Gemeinschaften*

Die vom Pietismus bestimmten »Gemeinschaften«, die in Deutschland, und hier wiederum in Württemberg, besonders stark sind, setzen den Rahmen einer Volkskirche voraus, innerhalb derer sie sich als Minderheit von entschiedenen, bekehrten Christen verstehen. Sie bringen somit in der Volkskirche oder in der Landeskirche das Anliegen der Freiwilligkeitskirche zur Geltung. Trennt sich die Gemeinschaft von ihrer Landeskirche, dann wird sie selbst zur Freiwilligkeitskirche oder Freikirche.

Die »Gemeinschaft« als solche ist keine besondere Konfession, auch keine eigene Denomination, also rechtlich selbständige Glaubensgemeinschaft. Sie versteht sich »als Kern der Kirche, der das Wesen der

Kirche und den lebendigen Glauben notfalls auch gegen eine Mehrheit in der Kirche verteidigt und dadurch zugleich ein Bollwerk gegen innere Auflösung wie gegen Separation bildet«.[148]

Die Mitglieder einer Gemeinschaft treffen sich in ihren örtlichen Kreisen zu Bibelstunden und Gebetsversammlungen, gelegentlich auch zu Gottesdiensten, obwohl im Normalfall der Gottesdienst der Kirchengemeinde besucht wird. Manchmal wird im Rahmen einer Gemeinschaft sogar das Abendmahl gefeiert. Das wird von den örtlichen Kirchengemeinden nicht immer gern gesehen, auch wenn sie die Gültigkeit von Abendmahlsfeiern, die durch Laien geleitet werden, theologisch nicht bestreiten können. Taufen werden in den Gemeinschaften nur selten vollzogen.

Die Gemeinschaften führen Evangelisationen durch, bieten Freizeiten an, unterhalten teilweise eigene diakonische Einrichtungen und unterstützen ihnen nahestehende Missionswerke. Neben vielen ehrenamtlichen haben sie auch hauptamtliche Mitarbeiter: Schwestern, Prediger, Evangelisten, Gemeinschaftspfleger.

Dachverband der meisten pietistischen Gemeinschaften in Deutschland ist der 1888 mit einer Pfingstkonferenz in Gnadau bei Magdeburg gegründete, 1897 ins Vereinsregister eingetragene »Deutsche Verband für Gemeinschaftspflege und Evangelisation«. Er heißt jetzt »Evangelischer Gnadauer Gemeinschaftsverband«. Ihm gehören rund 300 000 Mitglieder an, meist in Deutschland, aber auch in Österreich, der Schweiz und den Niederlanden. Der Gnadauer Verband umfaßt 29 Gemeinschaftsverbände, sechs Ausbildungsstätten, sechs Missionen, 13 Diakonissenmutterhäuser und sieben weitere Werke, darunter das Blaue Kreuz.

In Württemberg werden 35 000 Mitglieder gezählt, bei 150 hauptamtlichen und 3 500 ehrenamtlichen Mitarbeitern.[149]

Württembergische Gemeinschaften sind vor allem:[150] der 1889 gegründete Altpietistische Gemeinschaftsverband; die auf Michael Hahn (1758–1819) zurückgehende, 1873 als Verband organisierte M. Hahnsche Gemeinschaft; die nach Christian Gottlob Pregizer (1751–1824) genannte Pregizer Gemeinschaft; der Gemeinschaftsverband Nord-Süd (Bessarabiendeutsche).

Dazu kommen Gruppen, die aus dem Neupietismus des 19. Jahrhunderts hervorgegangen sind: die 1840 gegründete Pilgermission St.

Chrischona; die 1910 gebildete Süddeutsche Vereinigung für Evangelisation und Gemeinschaftspflege, samt ihrem seit 1931 bestehenden Jugendverband, dem Verband der Jugendbünde für entschiedenes Christentum (heute organisatorisch eigenständig); der 1933 gebildete Liebenzeller Gemeinschaftsverband; der Württembergische Brüderbund ab 1900; seit 1915 das Diakonissenmutterhaus Aidlingen mit den Aidlinger Kreisen; die aus Ostpreußen stammende Bahnauer Bruderschaft Unterweissach.

Wichtig ist den Gemeinschaften der persönliche Glaube an Jesus Christus als Herrn und Heiland. Bekehrung, Wiedergeburt (vgl. Johannes 3,1–8) und Heiligung sind ihnen Merkmale eines ernsthaften Christenlebens. Der Glaube wird ständig neu gespeist aus dem gehorsamen und ehrfürchtigen Umgang mit der Heiligen Schrift, die als letztverbindliches Wort Gottes verstand ist, ferner aus dem täglichen Gebet und dem geschwisterlichen Umgang mit anderen gläubigen Christen. Das allgemeine Priestertum wird praktiziert. Im Rückgriff auf Luthers Vorrede zur »Deutschen Messe und Ordnung des Gottesdienstes« 1526 sollen jene gesammelt werden, die »mit Ernst Christen sein wollen«.

Die heutigen Gemeinschaften stehen in der Tradition von vier Bewegungen der neueren Kirchengeschichte:

Erstens wurde ihr Grund gelegt im Pietismus des 17. und 18. Jahrhunderts. Der lutherische Pfarrer Philipp Jakob Spener (1635–1705) sammelte ab 1670 in Frankfurt einzelne Christen in Bibel- und Erbauungsstunden (den »Collegia pietatis«). Das machte alsbald in Württemberg Schule, wo es ab 1680 zu Privaterbauungsstunden kam. Den württembergischen Prälaten Johann Albrecht Bengel (1687–1752) und Friedrich Christoph Oetinger (1702–1782) sowie dem die Privatversammlungen offiziell genehmigenden »Pietistenreskript« 1743 ist es zu danken, daß der württembergische Pietismus sich nicht von der Landeskirche trennte.

Zweitens ist die Erweckungsbewegung des 18. und 19. Jahrhunderts zu nennen. In mehreren Schüben erfaßte sie im angelsächsischen Raum große Massen und in Kontinentaleuropa ganze Landstriche. Aus ihr sind die Brüderunität und die methodistische Kirche hervorgegangen. In Württemberg kam es zur Gründung der mit der Landeskirche eng verknüpften Evangelischen Brüdergemeinden in Korntal (1819) und Wilhelmsdorf (1824). Der landeskirchliche Pfarrer Ludwig Hofacker (1798–1828) wirkte nachhaltig als Erweckungsprediger. In Amerika und England machten Evangelisten wie Charles H. Spurgeon von sich reden. Die angelsächsischen Methoden der Massenevangelisation beeinflußten auch den deutschen Neupietismus des 19. und 20. Jahrhunderts.

Drittens wurden die pietistischen Kreise in der Gemeinschaftsbewegung des 19. Jahrhunderts organisatorisch gebündelt. Der Theologieprofessor Theodor Christlieb (1833–1889), einer der Wegbereiter des Gnadauer Verbandes, formulierte das Verhältnis der Gemeinschaften zu den Landeskirchen: »Wir stehen in der Kirche, arbeiten, wenn möglich, mit der Kirche, stehen aber nicht unter der Kirche.«[151]

Viertens stehen die Gemeinschaften in enger Beziehung zur Bekenntnisbewegung, die sich seit 1966 im deutschen Protestantismus zu Wort meldet. Das heißt nicht, daß alle pietistischen Gemeinschaften in jeder Hinsicht mit den theologischen Programmen und kirchenpolitischen Aktivitäten der Bekenntnisbewegung übereinstimmen. Das Spektrum der Bekenntnisbewegung reicht vom Fundamentalismus über den gemäßigten Biblizismus und den lutherischen Konfessionalismus bis zu politischem Konservatismus. Kritik wird etwa geübt an progressiven (»modernistischen«) Tendenzen in Theologie und Landeskirchen, an den Politischen Aktionen des Ökumenischen Rates der Kirchen und an Bemühungen um einen Dialog der Religionen. 1966 bildete sich die »Bekenntnisbewegung ›Kein anderes Evangelium‹«, 1968 die konfessionell-lutherische »Kirchliche Sammlung um Bibel und Bekenntnis in Deutschland«. Der 1970 gegründeten »Konferenz Bekennender Gemeinschaften« schloß sich 1974 der Gnadauer Verband an. Zu ihr gehört auch die »Ludwig-Hofacker-Vereinigung«, die Plattform der pietistischen Gemeinschaften, Einzelpersonen und Aktionen in der württembergischen Landeskirche. Sie läßt allerdings seit 1996 ihre Mitgliedschaft in der »Konferenz Bekennender Gemeinschaften« ruhen.

## b) Evangelikale

Mit dem aus dem angelsächsischen Sprachraum kommenden, seit 1966 auch in Deutschland geläufigen Begriff »evangelikal«[152] sind konservative Protestanten gemeint, die auf die persönliche Glaubenserfahrung in Bekehrung und Wiedergeburt einen Schwerpunkt legen, von der Inspiration der Bibel ausgehen, die Heiligung des individuellen Lebens und der Gesellschaft fordern, eine Gemeinschaft der wahrhaft Gläubigen erstreben, und für die Mission und Evangelisation vorrangige Aufgaben sind. Zwischen Evangelikalen und Pietisten gibt es Überschneidungen. Trotzdem kann man beide Begriffe nicht einfach gleichsetzen, ohne die Besonderheiten der über 300 Jahre alten, facettenreichen Tradition des mitteleuropäischen Pietismus zu unterschlagen.

*Evangelische Allianz*
1846 wurde die Evangelische Allianz gegründet. In ihr sammeln sich weltweit evangelikal orientierte Christen verschiedener evangelischer Konfessionen und Denominationen. Die europäische Evangelische Allianz schloß sich der 1951 gegründeten »Weltweiten Evangelischen Allianz« (World Evangelical Fellowship) an. Der »Internationale Kongreß für Weltevangelisation« 1974 in Lausanne war ein großes Treffen der in Evangelisation und Mission tätigen Evangelikalen. In den USA werden über 40 Millionen Christen den Evangelikalen zugerechnet (darunter die Mitglieder der größten baptistischen Denomination, der Southern Baptist Convention). Weltweit könnten es über 150 Millionen Evangelikale sein.[153]

## c) Charismatische Gruppen

Die »Charismatische Bewegung« ist ein geistlicher Neuaufbruch etwa seit 1960, der im weiteren Rahmen der pfingstlerischen Bewegung zu sehen ist.[154] Die Charismatische Bewegung begann in römisch-katholischen und protestantischen Gemeinden in den USA und griff ab 1963 nach Europa über. Wert gelegt wird auf eine Frömmigkeit, die den Menschen nach Leib und Seele bestimmt. Betont wird mehr die

Auferstehung Jesu Christi als sein Kreuzestod, und das belebende, erneuernde Wirken des Heiligen Geistes. In den Gottesdiensten steht der Lobpreis Gottes im Mittelpunkt. Menschen werden öffentlich mit Handauflegen gesegnet. Die Geistesgaben Zungenrede, Krankenheilung und Prophetie werden wie in der Pfingstbewegung gepflegt.

Während die »Geistliche Gemeindeerneuerung« (seit 1984) bewußt innerhalb der evangelischen Landeskirchen arbeitet, haben sich manche charismatisch orientierte Christen von den Landeskirchen gelöst und eigene charismatische Freikirchen gebildet. So gründete der Hamburger Pastor Wolfram Kopfermann 1988 eine evangelisch-lutherische »Anskar Kirche International Hamburg«.

## *d) Hochkirchliche Gruppen und Kommunitäten*

Innerhalb der evangelischen Kirchen gibt es Kreise und Gemeinschaften, denen die gregorianischen Stundengebete, eine Vielfalt von Symbolen sowie ein liturgisch reich gestalteter Gottesdienst mit regelmäßiger Feier der Eucharistie besonders am Herzen liegt. Der evangelische Theologe und Religionswissenschaftler Friedrich Heiler (1892–1967) hatte sich in dieser Hinsicht unermüdlich eingesetzt. Die seit 1923 bestehende Berneuchener Bewegung mit der 1931 gegründeten Evangelischen Michaelsbruderschaft und dem Berneuchener Dienst hat viel zur liturgischen Erneuerung, zum geistlichen Leben und zur Beachtung des Kirchenjahres im deutschen Protestantismus beigetragen.

Nach 1945 wurden eine ganze Reihe von evangelischen Schwesternschaften und Bruderschaften gegründet, in denen in strengerer oder freierer Form die klassischen klösterlichen Gelübde eingehalten werden.[155] Teilweise sind sie pietistisch oder evangelikal geprägt, teilweise hochkirchlich mit starker Betonung der gesamtchristlichen Tradition der Alten Kirche und des Mittelalters und mit entschiedener ökumenischer Motivation. Durch Tagungen, Freizeiten, Publikationen und neues Liedgut sind manche dieser Kommunitäten zu Ausgangspunkten geistlicher Erneuerung geworden. Zu nennen sind etwa die Evangelische Marienschwesternschaft (1947), die Christusbruderschaft

Selbitz (1949), die Communität Casteller Ring (1950), die Christusträger (1961) und die Jesus-Bruderschaft Gnadenthal (1961).

Die Bruderschaft von Taizé in Burgund wurde in den Jahren 1940 bis 1942 von dem schweizerischen reformierten Pfarrer Roger Schutz gegründet. Die Mitglieder der Bruderschaft waren zunächst alle evangelisch. Inzwischen kommen die Taizé-Brüder aus allen christlichen Konfessionen. Sie wirken nicht nur in Taizé in Burgund, sondern an verschiedenen sozialen Brennpunkten in allen Erdteilen. Mit ihren Gottesdiensten und Meditationen, ihren Freizeiten und dem 1974 eröffneten »Konzil der Jugend« haben sie vor allem auf junge Menschen eine große Anziehungskraft. Die liturgischen und spirituellen Impulse der Bruderschaft von Taizé haben in manchen Kirchengemeinden zu regelmäßigen Gebetsgruppen und meditativen Feiern geführt.

### *e) Liberale Gruppen*

Im Rahmen der Landeskirchen haben sich teils schon im 19. Jahrhundert, teils in der ersten Hälfte des 20. Jahrhunderts und dann erneut nach dem Zweiten Weltkrieg freisinnige, liberale Gruppen gebildet. Sie betonen die christliche Freiheit und verstehen diese in dreifacher Weise: als Befreiung zu religiöser und geistiger Eigenständigkeit und zu ethischer Mündigkeit; als redliche, der Wahrhaftigkeit verpflichtete Aneignung der christlichen Überlieferung; als Verpflichtung, für Gewissensfreiheit und Religionsfreiheit einzutreten. Diese liberalen Gruppen vertreten den Grundsatz der Toleranz und finden auch in anderen Religionen Wahrheitselemente. Sie betonen in der Bibel den »Geist« gegenüber dem »Buchstaben«. Teilweise messen sie die christlichen Dogmen und Bekenntnisse an den Ergebnissen der historisch-kritischen Theologie, teilweise praktizieren sie im Sinne Paul Tillichs eine symbolische Deutung der Glaubenslehre. So wird etwa die im Glaubensbekenntnis erwähnte jungfräuliche Geburt Jesu nicht auch »biologisch« verstanden, sondern als das völlige Bestimmtsein Jesu vom Heiligen Geist. In Deutschland gibt es seit 1948 den »Bund für Freies Christentum«. Die traditionsreiche schweizerische Schwestergruppe ist der »Schweizerische Verein für freies Christentum«.

### *f) Gesellschaftlich orientierte Gruppen*

Im Umkreis der Friedensbewegung nach dem Zweiten Weltkrieg und im Zusammenhang des 1983 bei der 6. Vollversammlung des Ökumenischen Rates der Kirchen in Vancouver eröffneten »Konziliaren Prozesses für Frieden, Gerechtigkeit und Bewahrung der Schöpfung« haben sich in den Landeskirchen übergemeindlich oder auch auf Gemeindeebene Friedensgruppen, Dritte-Welt-Kreise und »Ökumenische Netze« gebildet.

Ihr Hauptanliegen sind die politischen und sozialen Folgen aus der christlichen Botschaft: Gerechtigkeit für alle Menschen, Hilfen für die Opfer von Armut, Folter und Krieg, aber auch eine Veränderung der politischen und sozialen Strukturen, damit es gar nicht erst zu Armut, Folter und Krieg kommen muß. Dazu kommt die Sorge für das Gleichgewicht in der Natur, für Lebensmöglichkeiten auch der kommenden Generationen, und das Bewußtsein einer Zusammengehörigkeit aller Geschöpfe.

# 7. Denominationen

1985 gehörten dem Ökumenischen Rat der Kirchen 303 Kirchen aus über 90 Ländern an[156], 1993 mehr als 350 Kirchen aus über 100 Ländern. Dabei handelt es sich bei diesen Kirchen nicht um lauter verschiedene Konfessionen, sondern um autonome Kirchen, die zu dieser oder zu jener Konfessionsfamilie gehören, rechtlich und verwaltungsmäßig jedoch selbständig sind. Dafür bietet sich der im angelsächsischen Sprachraum übliche Begriff »Denominationen« an.[157] Die Denomination beschreibt also, anders als die Konfession, die »Bekenntnisgemeinschaft«, eine Kirche nicht nach inhaltlichen, sondern nach formalen Gesichtspunkten.

*Konfessionelle Ebene*

Meistens ist eine Denomination konfessionell einheitlich ausgerichtet. Etwa – um drei deutsche Mitgliedskirchen des Ökumenischen Rates der Kirchen herauszugreifen – das »Katholische Bistum der Alt-Katholiken in Deutschland«, die »Europäisch-Festländische Brüder-Unität. Herrnhuter Brüdergemeine« oder die »Arbeitsgemeinschaft Mennonitischer Gemeinden in Deutschland«. Manche Denominationen sind konfessionell gesehen protestantische Unionskirchen, etwa die »Vereinigte Protestantische Kirche von Belgien« oder die »Vereinigte Kirche von Kanada«. Andere Denominationen sind Kirchenbünde, deren relativ selbständige Gliedkirchen unterschiedlicher Konfession sind, so die »Evangelische Kirche in Deutschland« (EKD) mit ihren lutherischen, evangelisch-unierten und reformierten Landeskirchen. Wieder andere Denominationen sind Gemeindeverbände, deren einzelne Kirchengemeinden von unterschiedlicher konfessioneller Tradition geprägt sind, so der »Chinesische Christenrat« (China Christian Council), der 1991 in den Ökumenischen Rat der Kirchen aufgenommen wurde.

*Nationale Ebene*

Denominationen (autonome Kirchen) bestehen im allgemeinen als nationale Kirchen, also auf der Ebene eines Landes. Beispiele sind die

»Christkatholische Kirche der Schweiz« oder der »Schweizerische Evangelische Kirchenbund«. Gelegentlich greifen sie aber über das Land hinaus, in dem sie ihre zentrale Verwaltung haben: etwa die weltweite Heilsarmee (Hauptquartier in England), das »Ökumenische Patriarchat von Konstantinopel« (Sitz in Istanbul/Türkei), die »United Methodist Church« mit Sitz in den USA, der die deutsche »Evangelisch-methodistische Kirche« als eine Gliedkirche zugehört.

Die Denomination als selbständige Glaubensgemeinschaft auf meistens nationaler Ebene ist auf regionaler Ebene in Diözesen, (im deutschen Protestantismus) in Landeskirchen, in Distrikte oder in Provinzsynoden aufgegliedert. Diese Regionalkirchen sind Gliedkirchen ihrer nationalen Denomination und genießen je nach Kirchenverfassung ein geringes oder größeres Maß an Eigenständigkeit.

Handelt es sich bei der Denomination um einen »Kirchenbund«, eine Föderation, so sind die Gliedkirchen weitgehend selbständig. Im Fall einer »Bundeskirche« dagegen – etwa den skandinavischen lutherischen oder den anglikanischen Nationalkirchen – ist die einzelne Diözese oder Gliedkirche weniger selbständig.

Die Denomination ist meistens in einer oder auch in mehreren weltweiten Gemeinschaften verankert. Das kann der Ökumenische Rat der Kirchen sein oder ein konfessioneller Weltbund, an den die Denomination etwas von ihrer Autonomie abgibt.

Auch die römisch-katholische Kirche paßt in dieses Schema der nationalen Denominationen mit regionaler Untergliederung und weltweiter Einbindung hinein. Denomination auf nationaler Ebene ist die Bischofskonferenz, so in Deutschland die »Deutsche Bischofskonferenz«. Allerdings ist wegen der hierarchischen Kirchenverfassung die jeweilige nationale Bischofskonferenz stark von der vatikanischen Zentrale in Rom abhängig.

Manche Christen sind in einer Gruppe, einer Gemeinschaft, einer unabhängigen, freien Gemeinde angesiedelt, bei der von einer »Denomination« nicht geredet werden kann. Vor allem im charismatischen oder pfingstlerischen, manchmal auch im evangelikalen Umfeld gibt es neu gebildete Gemeinden, die sich etwa aus Hauskreisen entwickelt haben und die in keinem verbindlichen Zusammenhang mit anderen Gemeinden stehen. Solche Gemeinden sind zunächst »Nicht-

Kirchen«; in Japan gibt es sogar eine »Nicht-Kirche-Bewegung« (Mukyokai-Bewegung). Von »Denomination« ist bei ihnen erst dann zu reden, wenn drei Voraussetzungen gegeben sind: Solche Gemeinden müssen auf eine gewisse Dauer und Kontinuität hin angelegt sein; sie müssen feste Formen und verbindliche Strukturen entwickelt haben, also die Fragen der Gemeindeleitung, der Lehre, des Gottesdienstablaufes, der Zeichenhandlungen (Sakramente) und Amtshandlungen geklärt haben; sie müssen zu einem Verband von Gemeinden gehören.

*Kirchenverfassung*

Denominationen unterscheiden sich voneinander nach ihrem Bekenntnis. Sie gehören jeweils verschiedenen (im Fall von protestantischen Unionskirchen sogar mehreren) Konfessionsfamilien an. Sie unterscheiden sich zugleich hinsichtlich der Kirchenverfassung.

Die römisch-katholische Kirche ist hierarchisch gegliedert und geleitet.

Die romfreien katholischen Kirchen, die anglikanische Kirche, teilweise auch lutherische und methodistische Kirchen sind bischöflich (episkopal) verfaßt, genauer gesagt episkopal-synodal: Die einzelne vom Bischof geleitete Diözese ist im Rahmen der Nationalkirche und der weltweiten konfessionellen Gemeinschaft relativ selbständig. Die Leitung teilt der Bischof mit der Synode, zu der außer Priestern auch Laien gehören.

Etliche reformatorische Kirchen sind presbyterial-synodal verfaßt, so großenteils die lutherischen, reformierten und evangelisch-unierten Kirchen. Auf lokaler, regionaler und nationaler Ebene wird die Kirche von Synoden geleitet, im Zusammenwirken von Pfarrern und Laien. Das Presbyterium (der Kirchengemeinderat) ist dabei die lokale Synode.

Ähnlich ist es bei der kongregationalistischen Kirchenverfassung, nur daß hier die Einzelgemeinde weitgehend selbständig ist, auch wenn sie aus praktischen Gründen einige ihrer Zuständigkeiten an den regionalen Gemeindeverband oder den nationalen Dachverband abgibt. Kongregationalistisch verfaßt sind jene reformierten Kirchen, die das schon in ihrem Namen anzeigen, wie die »Kongregationalistische Vereinigung von Schottland«, ferner Kirchen täuferischer Prägung wie Mennoniten, Baptisten und Disciples of Christ, sowie einige andere

Freikirchen wie Darbysten, Freie evangelische Gemeinden und Pfingstgemeinden.

*Staatskirche, Landeskirche, Freikirche*

Die Denominationen sind außer nach Konfession und Kirchenverfassung noch in einer dritten Hinsicht voneinander unterschieden: nach außen je nach dem Verhältnis zu Volk, Staat und Gesellschaft; nach innen je nach der Art, wie Kirchenmitgliedschaft erworben wird. Beides hängt zusammen. Herkömmlich werden hier Begriffe wie Freikirche, Staatskirche, Volkskirche und Großkirche benutzt.

Bei der »Freikirche« handelt es sich um eine Denomination, die vom Staat unabhängig ist. Im Unterschied dazu ist die »Staatskirche« mit dem Staat eng verflochten, genießt besondere Privilegien oder wird umgekehrt vom Staat kontrolliert. Staatskirchen sind etwa die anglikanische Church of England, die lutherischen Kirchen in den skandinavischen Ländern, die orthodoxe Kirche von Griechenland, bislang die römisch-katholische Kirche in Italien, Spanien, Portugal und in verschiedenen lateinamerikanischen Ländern. Die evangelische und die römisch-katholische Kirche in Deutschland sind keine Staatskirchen, aber doch mit dem Staat durch Verträge verbunden und als Körperschaften öffentlichen Rechts mit etlichen Vorrechten (wie Steuerbegünstigung, staatlichem Religionsunterricht und theologischen Fakultäten) ausgestattet. Diesen Typus kann man als »Landeskirche« bezeichnen, darf das allerdings nicht mit »evangelischer Landeskirche« im Sinn von Regionalkirche (Diözese) verwechseln.

Einige protestantische Konfessionsfamilien bilden von vornherein Freikirchen, indem sie die strikte Trennung von Staat und Kirche vertreten. In den Staaten, in denen die Trennung von Staat und Kirche Verfassungsgrundsatz ist, etwa in den USA oder in Frankreich (außer Elsaß-Lothringen), sind alle Denominationen, einschließlich der römisch-katholischen Kirche, in diesem Sinn Freikirchen, ob gewollt oder notgedrungen.

*Volkskirche und Freiwilligkeitskirche*

Wenn von »Freikirche« die Rede ist, wird häufig nicht so sehr an das Verhältnis zum Staat gedacht, sondern an die eigenen Mitglieder.

»Freiwilligkeitskirchen« sind Gemeinschaften, in welche die einzelnen durch eigene Entscheidung und nicht durch Familientradition aufgenommen werden. Alle Kirchen täuferischer Tradition, in denen nur die Erwachsenentaufe oder Gläubigentaufe praktiziert wird, sind Freiwilligkeitskirchen. Aber auch die Methodistenkirche gehört dazu. Sie tauft zwar auch Kinder, aber mit der Taufe als solcher ist noch keine Vollmitgliedschaft gegeben.

Die Freiwilligkeitskirche hebt sich ab von der »Volkskirche«, in der die Mitgliedschaft meistens durch die Kindertaufe erworben wird, auch wenn es selbstverständlich möglich ist, sich erst als erwachsener Mensch taufen zu lassen. Die Volkskirche fühlt sich dem ganzen Volk gegenüber zu Zeugnis und Dienst verpflichtet, unabhängig davon, ob ihr ein Großteil der Bevölkerung angehört oder ob sie nur eine Minderheit bildet. Die Volkskirche nimmt es dabei in Kauf, daß ihr viele Menschen zugehören, die sich nicht als »praktizierende Christen« erweisen.

Der Freikirche im staatskirchenrechtlichen Sinn steht die Staatskirche und die Landeskirche gegenüber. Der Freiwilligkeitskirche, die nur mündige und entschiedene Christen in ihren Reihen wissen will, steht die Volkskirche gegenüber. So gesehen ist jede Freiwilligkeitskirche grundsätzlich eine Freikirche. Ein besonders enges Verhältnis zum Staat würde die Bereitschaft zur Integration großer Teile der Bevölkerung in die Kirche voraussetzen, unabhängig von der Intensität der persönlichen Überzeugung. Umgekehrt ist aber nicht jede Denomination, die sich aus den Gegebenheiten heraus mit dem Status einer Freikirche abzufinden hat, zugleich eine Freiwilligkeitskirche.

# 8. Anhang: Sondergemeinschaften

## *8.1 Grundsätzliches*

*Sekte und Sektierertum*

Die Bandbreite des Christlichen ist mit den drei Gruppen von Konfessionsverwandten, den drei christlichen Konfessionsblöcken noch nicht ganz abgedeckt. Bei einer Reihe von Glaubensgemeinschaften fehlt es, was den Inhalt der Glaubensbotschaft betrifft, am evangelischen Pol, nämlich dem unverkürzten, unverzerrten Evangelium, und am katholischen Pol, nämlich dem inneren Zusammenhang mit dem Hauptstrom der christlichen Überlieferung. Oder es fehlt wenigstens an einem dieser beiden Pole.

Derartige Glaubensgemeinschaften werden im allgemeinen »Sekten« genannt.[158] Im deutschen (anders als im englischen) Sprachgebrauch klingt »Sekte« abwertend. Eine christliche Sekte ist danach aus gesamtchristlicher Sicht (im Anschluß an das lateinische Verb »secare« = abschneiden, trennen) eine Gemeinschaft, die sich von der Gesamtchristenheit, von der Ökumene, vom Hauptstrom der christlichen Überlieferung abgesondert hat.

Unter einer christliche Sekte wird auch (im Anschluß an das lateinische Verb »sequi« = folgen) eine Gemeinschaft verstanden, die neben Jesus von Nazareth anderen maßgeblichen Leitbildern folgt und die neben der Bibel weitere Glaubensdokumente als verbindliche heilige Schriften anerkennt.

Eine sich als christlich verstehende Gemeinschaft sollte nicht von vornherein als »Sekte« disqualifiziert werden. Eher ist es angebracht, von »Sektierertum« zu sprechen. Dieses kommt auch unter Angehörigen der drei großen Konfessionsblöcke vor. Mit Sektierertum ist eine Abkapselung von anderen christlichen Auffassungen, Erfahrungen und Gemeinschaften gemeint. Damit verbindet sich der Anspruch, nur die eigene Auffassung, Erfahrung und Gemeinschaft verkörpere echtes Christentum. »Ein Mensch wird zum Sektierer, weil er dazu kommt bzw. dazu gebracht wird, seine religiösen und ideologischen Ziele im Glauben und in der Bindung an eine exklusive Gemeinschaft zu verfolgen. Nicht in den Zielen selbst, auch nicht in der Lehre und Praxis als solcher verkörpert sich das Sektierertum. Das Sektierertum verkörpert sich im geschlossenen Denken, im Personenkult und in der Abhängigkeit von der Gemeinschaft, die an die Stelle Gottes tritt oder angeblich Wahrheit, Heil und Recht in Exklusivbesitz hat.«[159]

Die sektiererische Haltung steht im Gegensatz zu einer ökumenischen Haltung, die sich der weltweiten, universalen Dimension der Kirche Jesu Christi bewußt ist und sich gegenüber anderen christlichen Gemeinschaften offen und lernbereit zeigt.[160]

Unter den gegenwärtigen Gemeinschaften und Bewegungen, die im allgemeinen als sektiererisch beurteilt werden, lassen sich drei Hauptgruppen unterscheiden: »klassische christliche Sekten« oder Sondergemeinschaften; »neue religiöse Bewegungen«; »Psycho- und Politgruppen«: »Die klassischen Sekten schöpfen überwiegend aus der christlichen Tradition. Die ›neuen religiösen Bewegungen‹ setzen der pluralistischen, postchristlichen Kultur außerchristliche Religionen bzw. Religionsmischungen entgegen. Die Psycho- und Politgruppen schöpfen aus säkularen Ideologien bzw. säkularreligiösen Utopien.«[161]

Allerdings wird man den »neuen religiösen Bewegungen« nicht nur außerchristlich, häufig hinduistisch orientierte Gruppen wie die Krishna-Bewegung (Hare Krishna), die Bhagwan-Osho-Bewegung, Ananda Marga, die Divine Light Mission und vielleicht die Transzendentale Meditation (TM) zuordnen können, sondern auch Gruppen, die sich als christlich verstehen, wie das »Universelle Leben« (Gründerin Gabriele Wittek), die »Vereinigungskirche« (Mun-Sekte) und »Fiat Lux« (Gründerin Erika Bertschinger, genannt »Uriella«). Zu den »Psycho- und Politgruppen« zählen die »Scientology Kirche« und satanistische Gruppen. Ihnen ist gemeinsam, daß sie nicht eigentlich »religiös« ausgerichtet sind.

Man kann noch zwei weitere Hauptgruppen anfügen: erstens extreme, sektiererisch gesonnene Abspaltungen von den großen Konfessionsfamilien sowie Neubildungen in ihrem Umfeld. So haben sich Traditionalistenkirchen von der römisch-katholischen Kirche getrennt, weil sie ihnen nicht römisch-katholisch genug ist. Bekannt geworden ist vor allem die »Priesterbruderschaft St.Pius X.«, die Erzbischof Marcel Lefebvre (1905–1991) 1970 gründete. Innerhalb der Pfingstbewegung gibt es manche charismatischen oder perfektionistischen Gruppen, die sich selbst absolut setzen.

Zweitens sind Weltanschauungsgruppen und Neuoffenbarungsbewegungen zu erwähnen, die entweder überhaupt nicht oder aber nur andeutungsweise zu fester eigener Kirchenbildung geführt haben und deren Mitglieder teilweise gleichzeitig zu einer christlichen Kirche gehören. Zu nennen sind hier etwa die »Neue Kirche« der Anhänger Emanuel Swedenborgs, die »Lorber-Gesellschaft«, die »Gralsbewegung« von Oskar Ernst Bernhardt (genannt Abd-ru-shin), die »Rosenkreuzer« und der »Verein zur Förderung der psychologischen Menschenkenntnis« (VPM).

Im Rahmen einer überblicksartigen Konfessionskunde kann man sich auf jene »klassischen christlichen Sekten« oder Sondergemeinschaften beschränken, die sich in einem Zeitraum von mindestens einem halben Jahrhundert gefestigt haben, die in Lehre, Ordnung und Gottesdienst ein klares Profil gewonnen haben und die weltweit verbreitet sind. Daneben wäre an christliche Sondergemeinschaften zu denken, die eher eine örtliche Reichweite haben und deren Mitgliederzahl deutlich abgenommen hat, wie die »Gemeinschaft in Christo Jesu« (Lorenzianer) oder die »Evangelisch-Johannische Kirche« von Joseph Weisenberg.[162]

*Kennzeichen der Sondergemeinschaften*

Statt von »Sekten« reden wir bei christlichen Glaubensgemeinschaften, die außerhalb der christlichen Ökumene stehen, besser von »Sondergemeinschaften«. Es sind dies »Gemeinschaften, die mit christlichen Überlieferungen wesentliche außerbiblische Wahrheits- und Offenbarungsquellen verbinden und in der Regel ökumenische Beziehungen ablehnen«[163].

Damit sind zwei Kriterien gegeben, die auf die einzelne Sondergemeinschaft in größerem oder geringerem Maß zutreffen. Das eine Kriterium ist die »Sonderanschauung«. Sie kann »auf dem Gebiet der Lehre, des Kultus oder der Lebensgestaltung liegen, kann in seltsamer Schriftauslegung oder besonderen Geistesoffenbarungen begründet werden«[164]. Hier kommt der evangelische Pol zu kurz. Das andere Kriterium ist das Bewußtsein, »die wahre Gemeinschaft der Gläubigen zu sein«, im Unterschied zur Kirche, »die nicht selten als Kirche des Abfalls angesehen wird«[165]. Hier kommt der katholische Pol zu kurz.

Vom Hauptstrom der christlichen Überlieferung, von einem ökumenischen Grundkonsens aus betrachtet, sind die christlichen Sondergemeinschaften nicht »orthodox«, haben also die verbindliche christliche Glaubenslehre nicht oder nur unzureichend festgehalten. Sie sind vielmehr in der einen oder anderen Hinsicht »häretisch«, vertreten also Irrlehren in Fragen des Glaubens oder auch in Fragen der christlichen Lebensführung. Sofern sie sich aber zur christlichen Ökumene hinbewegen, wandelt sich die »Häresie« in eine »Heterodoxie«, in eine gewisse Eigenwilligkeit, die der »Orthodoxie« nicht grundsätzlich widersprechen muß. Diese Kategorien Orthodoxie, Heterodoxie und Häresie werden immer von einem bestimmten Standpunkt aus angewandt. Von ihrem eigenen Ansatz aus versteht sich jede einzelne Sondergemeinschaft als »orthodox« und wird ihrerseits andere christliche Glaubensgemeinschaften als »häretisch« oder allenfalls als »heterodox« beurteilen.

*Sondergemeinschaften in der Kirchengeschichte*

Sondergemeinschaften hat es in der Kirchengeschichte ständig gegeben. Zur Zeit der Alten Kirche etwa bestanden verschiedene gnostische Gruppen, Marcioniten und Manichäer. Sie waren dualistisch bestimmt, sahen also zwischen Gott und Welt einen solchen Gegensatz, daß sie die Welt nicht als Gottes gute Schöpfung verstehen konnten. In der ausgehenden Antike und im Verlauf des Mittelalters begegnen Sondergemeinschaften, die ebenfalls dualistisch dachten und eine rigoristische, unerbittlich strenge Lebensweise vertraten: Priscillianer, Paulikianer, Bogomilen und Katharer.

Im späten Mittelalter finden sich pantheistische, Gott und Welt in eins setzende Sondergemeinschaften, etwa Amalrikaner und die »Brüder und Schwestern des freien Geistes«.

Apokalyptische Sondergemeinschaften, die das baldige Hereinbrechen des Weltendes predigten, waren etwa die Montanisten im 3. Jahrhundert. Den Anbruch eines tausendjährigen Reiches wollten manche radikalen Täufer der Reformationszeit sogar gewaltsam herbeiführen.

In der Neuzeit kamen spiritualistische Gruppen dazu, die dem Geist gegenüber dem äußeren Wort den Vorrang geben, ferner perfektionistische Gemeinschaften, welche die Möglichkeit eines sittlich vollkommenen Lebenswandels verfechten, und schließlich esoterisch-theosophische Gruppen, die wie die Swedenborgianer verborgene Erkenntnisse beanspruchen.

In der Reihenfolge ihrer ungefähren Entstehung sind als wichtige christliche Sondergemeinschaften unserer Zeit zu nennen: Mormonen (1830), Christliche Wissenschaft (1876), Zeugen Jehovas (1881), Neuapostolische Kirche (1896) und Christengemeinschaft (1922).[166]

Den Anhängern der Sondergemeinschaften darf ihr persönliches Christsein nicht abgesprochen werden, sofern sie sich ausdrücklich auf das Christuszeugnis des Neuen Testamentes beziehen und Jesus von Nazareth nachzufolgen suchen. Der Streit geht um die Lehre, also um das angemessene Verständnis der Wahrheit des Wortes Gottes. Vergessen werden darf nicht, daß die Großkirchen zu Zeiten, als sie mit staatlicher Macht verquickt waren, Sondergemeinschaften hart unterdrückten und oft blutig verfolgten.

## *8.2 Mormonen*

Der Amerikaner Joseph Smith (1805–1844) empfing im Frühjahr 1820 eine Christusvision, in der ihm bedeutet wurde, keine der vorhandenen Kirchen sei die wahre Kirche. Der Farmerssohn Smith gründete am 6. April 1830 die Mormonenkirche. Aus religionswissenschaftlicher Betrachtungsweise ist es allerdings fraglich, ob es sich bei den Mormomen – trotz der Selbstbezeichnung »Kirche Jesu Christi der Heiligen der Letzten Tage« – überhaupt um eine christliche Sondergemeinschaft handelt oder nicht eher um eine stark amerikanisch geprägte, optimistische, fortschrittsgläubige neue Religion, nach der die Rettung aus Nordamerika kommen soll.

Das 1830 veröffentlichte »Buch Mormon« ist für die Mormonen eine der Bibel mindestens gleichgewichtige Glaubensquelle. Joseph Smith will am 21. September 1823 durch einen Engel namens »Moroni« von diesem Buch erfahren haben. Moroni zeigte ihm goldene Platten, welche »reformägyptische Zeichen« enthielten. Am 22. September 1827 durfte Joseph Smith, vom Engel Moroni dazu autorisiert, am Hügel Cumorah einer Steinkiste die goldenen Platten und eine Prophetenbrille entnehmen. Im Haus des Farmers Martin Harris übersetzte er mit Hilfe der Brille den Text. Hinter einem Vorhang sitzend, diktierte er seinem Schreiber. Ende Juni 1829 war die Übersetzung abgeschlossen. Der Engel Moroni soll die Platten und die Prophetenbrille am 2. Mai 1838 wieder an sich genommen haben. Durch wissenschaftliche Behauptungen, das Buch Mormon gehe auf das gestohlene Romanmanuskript eines Salomon Spaulding zurück, lassen sich die Mormonen nicht erschüttern.

Im Buch Mormon mit seinen 15 Teilen wird die angebliche Geschichte einer israelitischen Gruppe erzählt, die 590 vor Christus nach Amerika eingewandert sein soll. Es berichtet ferner von Erscheinungen des auferstandenen Christus in Nordamerika. Die Engelsvisionen von Joseph Smith haben Offenbarungsqualität.

Joseph Smith und sein Bruder Hyrum wurden am 27. Juni 1844 im Gefängnis erschossen. Unter Leitung seines Nachfolgers Brigham Young (1801–1877) wanderten etwa 15000 Mormonen in die Ebene des Großen Salzsees aus und gründeten dort den heutigen Staat Utah mit seiner Hauptstadt Salt Lake City. Brigham Young führte 1852 die Polygamie (Vielehe) ein. Sie wurde 1890 wieder außer Kraft gesetzt. 1896 wurde Utah ein Teilstaat der USA. Erst seit 1978 sind Schwarze in der Mormonenkirche gleichberechtigt.

Die mormonische Glaubenslehre ist vom Gedanken der Entwicklung, vom »Gesetz des immerwährenden Fortschritts« bestimmt. »Gott selbst war einst, wie wir jetzt sind. Er ist ein erhöhter Mensch und sitzt auf seinem Thron in jenen Himmeln«, heißt es in den Lehren von Joseph Smith. So hat Gott selbst einen Körper, und Jesus Christus wurde von ihm im wörtlichen Sinn gezeugt. »Wie Gott ist, kann der Mensch einst werden.« Gottes Ziel ist es, daß sich die Geister in der materiellen Welt weiterentwickeln und sich frei für Gott entscheiden, indem sie seinen Willen erfüllen. Durch strenge Frömmigkeit kann sich der Mensch zur körperlich-geistigen Wiederauferstehung in »himmlischer Herrlichkeit« hinentwickeln.

Das Familienleben wird besonders gepflegt, z. B. mit dem wöchentlichen »Familienheimabend«. Die Mormonen sind von hohem Arbeitsethos bestimmt. Sie folgen strengen Ernährungsvorschriften. Die Missionare, die zu zweit arbeiten, finanzieren ihre 18 bis 24 Monate dauernde Mission aus eigener Tasche. Die Taufe erfolgt frühestens im Alter von acht Jahren.

Strukturelle Grundlage des Mormonenglaubens ist das Priestertum, welches das Heil vermittelt. Jeder männliche Mormone ab dem zwölften Lebensjahr ist Träger eines priesterlichen Amtes. Das »Aaronische Priestertum« dient dem Gemeindeleben samt dem regelmäßigen Gottesdienst. Nur das höhere »Melchizedekische Priestertum« hat Zugang zu den Tempelritualen, die in den bisher weltweit 43 Tempeln unter Ausschluß der Öffentlichkeit vollzogen werden. Es gibt vier solcher Rituale: die »Taufen für Tote«, die »Ausstattung« (Endowment) mit geheimen Belehrungen und Gesetzen, die »Ehesiegelungen« für das eheliche Zusammenleben in der Ewigkeit, und die »Zweite Salbung«, in der wenige ranghohe Mormonen schon zu irdischen Lebzeiten zu »Göttern« gesalbt werden.

Die »Kirche Jesu Christi der Heiligen der Letzten Tage« erhebt einen exklusiven Wahrheitsanspruch. Allerdings können nichtmormonische Verstorbene am Heil Anteil bekommen durch eine stellvertretend vorgenommene »Totentaufe«. Deshalb betreibt die Mormonenkirche umfangreiche genealogische Forschungen. In Salt Lake City wird der »International Genealogical Index« geführt. In unterirdischen Bunkern sollen Namenslisten und Taufkopien von etwa zwei Milliarden Menschen auf Mikrofilmen liegen.[167]

Die Mormonenkirche ist streng hierarchisch gegliedert. Sie wird von einem Präsidenten in Utah geleitet. Ihm stehen zwei Ratgeber sowie der »Rat der Zwölf Apostel« zur Seite. Weltweit ist die Mormonenkirche in 13 Hauptgebiete aufgeteilt. Die nächst niedrigeren Einheiten sind die Regionen, die »Pfähle« und die »Missionen«. Die »Kirche Jesu Christi der Heiligen der Letzten Tage« zählt in etwa 100 Ländern etwa 8,5 Millionen Mitglieder und Anhänger.

## 8.3 Christliche Wissenschaft (Christian Science)

Die Amerikanerin Mary Baker Eddy (1821–1910) begründete die Christliche Wissenschaft (Christian Science). Sie war kränklich gewesen und hatte sich mit der Frage der Heilung beschäftigt. Dabei wurde sie von dem Heilpraktiker und Geistheiler Phineas Parkhurst Quimby (1802–1866) beeindruckt. Dieser heilte sie 1862 auf der Grundlage der Überzeugung, alle Krankheiten seien das Ergebnis einer falschen Denkweise und damit eine Täuschung. Nach seinem Tod erlitt sie bei einem Unfall schwere Verletzungen, erfuhr dann aber beim Lesen der Bibel 1866 eine Spontanheilung.

Glaubensquelle der Christlichen Wissenschaft ist neben der Bibel Mary Baker Eddys 1875 abgeschlossenes Werk »Science and Health« (Wissenschaft und Gesundheit mit Schlüssel zur Heiligen Schrift). Das Buch erhielt 1910 seine heute gültige Fassung. Es gilt als unfehlbar und darf in den verschiedenen Sprachen nur zusammen mit dem englischen Originaltext veröffentlicht werden.

Das besondere Anliegen der Christlichen Wissenschaft ist Gebetsheilung und Geistheilung. Das Gebet ist verstanden als eine meditative Vergegenwärtigung des Göttlichen und Wahren. Nach Auffassung der Christlichen Wissenschaft ist allein das Geistige wirklich. Die Materie, die Sünde und die Krankheit dagegen beruhen auf Einbildung. Die biblische Botschaft wird in pantheistischer Richtung gedeutet: Gott ist alles. Er ist ein »allmächtiges, allwissendes und allgegenwärtiges Wesen«, und dieser Gott ist gut. Er ist »unendliches Gemüt, Geist, Seele, Prinzip, Leben, Wahrheit und Liebe«. Also sind Materie, Tod, Böses, Sünde und Krankheit nichts. »Es ist kein Leben, keine Wahrheit, keine Intelligenz und keine Substanz in der Materie. Alles ist unendliches Gemüt und Seine unendliche Offenbarwerdung, denn Gott ist Alles-in-Allem. Geist ist unsterbliche Wahrheit; Materie ist sterblicher Irrtum. Geist ist das Wirkliche und Ewige. Materie ist das Unwirkliche und Zeitliche. Geist ist Gott, und der Mensch ist sein Bild und Gleichnis. Folglich ist der Mensch nicht materiell; er ist geistig.«[168] Ist die materielle Welt Illusion, dann ist sie auch nicht Schöpfung Gottes. Die Welt ist aber geistiger Ausdruck der göttlichen Fülle.

Der Mensch ist Ebenbild Gottes, somit selbst göttlich. Am Ende des »Weitergehens« nach dem Tod wird die menschliche Persönlichkeit vollkommen sein. Legt der Mensch den Irrtum ab, die Materie und die Übel seien wirklich, und tritt er in Harmonie mit Gott, so vergehen Krankheiten und Übel. Wer aber nicht geheilt wird, zeigt darin seinen Glaubensmangel. Jesus Christus hat die Menschen nicht darin erlöst, daß er für sie gelitten hat und für sie gestorben ist, sondern indem er gezeigt hat, wie der Irrtum zu überwinden ist. Grundsätzlich ist für die Christliche Wissenschaft die Geistheilung mit der Medizin und der ärztlichen Betreuung nicht vereinbar.

1876 wurde eine erste Gemeinde gegründet, und dann 1879 in Boston die »Church of Christ, Scientist«. Nach einer Umstrukturierung bekam diese Bostoner Gemeinde 1892 die Bezeichnung »The First Church of Christ, Scientist« (Erste Kirche Christi, Wissenschafter). Sie ist die »Mutterkirche« für alle »Zweigkirchen« in der Welt. 1908 gründete Mary Baker Eddy die berühmte Tageszeitung »The Christian Science Monitor«.

Geleitet wird die Christian Science vom fünfköpfigen »Vorstand der Mutterkirche« in Boston. Nach deren organisatorischem Vorbild werden auch die »Zweigkirchen« geleitet. Die Gründung einer »Zweigkirche« erfordert mindestens 16 Personen und zusätzlich einen »Ausüber« (practinioner), das heißt einen Heiler und Seelsorger. Zu den Sonntagsfeiern kommen Versammlungen am Mittwochabend, in denen von Glaubenserfahrungen und erfolgten Heilungen berichtet wird. Jede Zweigkirche hat einen Leseraum. Dort dürfen nur die Bibel und eigene Schriften der Christlichen Wissenschaft ausliegen.

Der Gesamtchristenheit gegenüber fühlt sich die Christian Science überlegen. Sie beansprucht für sich Wissenschaftlichkeit und Zeitgemäßheit. Die Zahl der »Ausüber« beträgt etwa 10000.[169] Es gibt weltweit etwa 3000 Zweigkirchen. In Deutschland bestehen um die 120 Zweigkirchen. Mitgliederzahlen werden nicht angegeben, doch wird man von weltweit 150000 Personen ausgehen können.[170]

## *8.4 Zeugen Jehovas*

Der amerikanische Kaufmann Charles Taze Russell (1852–1916) begründete die Glaubensgemeinschaft der »Zeugen Jehovas«. Russell war durch die Lehren von der doppelten Vorherbestimmung durch Gott und von einer ewigen Verdammnis in eine religiöse Krise geraten. Eine Splittergruppe der Adventisten half ihm weiter, indem er hier lernte, die Wiederkunft Jesu Christi zu berechnen. Sie erfolge, wenn 6000 Jahre seit Erschaffung der Welt vergangen sein würden. Die Berechnungen erwiesen sich freilich als falsch, und so stellte er eigene neue Berechnungen an.

1876 wurde Russell Pastor eines Bibelkreises. Seit 1879 gab er die Zeitschrift »Zions Wachtturm und Verkündiger der Gegenwart Christi« (Zion's Watch Tower and Herald of Christ's Presence) heraus. 1879 bis 1880 entstanden 30 Gemeinden. 1881 gründete Russell die »Zions Wachtturm Bibel- und Traktatgesellschaft« (Zion's Watch Tower Tract Society). Sie hieß später im deutschen Raum »Wachttum-Bibel- und Traktat-Gesellschaft«. 1913 wurde auf Weltebene die »Internationale Vereinigung Ernster Bibelforscher« gegründet.

Die für das Jahr 1914 angesagte sichtbare Wiederkunft Jesu Christi blieb aus, und das stürzte die Zeugen Jehovas in eine schwere Krise. Neuer Grundsatz wurde, daß Christus 1914 als König im Himmel eingesetzt wurde und dort mit 144000 Auserwählten (nach Offenbarung 7,4; 14,1.3) regiert, während die Erde seitdem ganz von Satan beherrscht ist. Für den Anbruch des Weltendes und die Wiederkunft Christi wurden immer neue Jahreszahlen angegeben. Nach den Terminen 1874 und 1914 waren es vor allem 1925 und 1975. Russel verfaßte sechs Bände »Schriftstudien« zur Bibel.

Unter Russels Nachfolger, dem Juristen Joseph Franklin Rutherford (1869–1942), wurde die Gemeinschaft extrem kirchenfeindlich und staatskritisch. Nachfolger Rutherfords als Präsidenten der »Wachtturm-Bibel- und Traktat-Gesellschaft« wurden Nathan Homer Knorr (1905–1977), Frederik W. Franz (1893–1992) und (ab Dezember 1992) Milton G. Henschel.

Die Bezeichnung »Zeugen Jehovas« wurde 1931 angenommen. Die Gemeinschaft beruft sich dabei auf Jesaja 43,10.12: »Ihr seid meine

Zeugen, spricht der Herr, und mein Knecht, den ich erwählt habe, damit ihr wißt und mir glaubt und erkennt, daß ich's bin. Vor mir ist kein Gott gemacht, so wird auch nach mir keiner sein. Ich hab's verkündigt und habe auch geholfen und hab's euch sagen lassen; und es war kein fremder Gott unter euch. Ihr seid meine Zeugen, spricht der Herr, und ich bin Gott« (Luther-Übersetzung). Dabei interessiert es die Zeugen Jehovas nicht, daß der Gottesname, der in der Luther-Bibel mit »der Herr« übersetzt wird, gar nicht »Jehova« lautet. Der Name »Jehova« ist ein Mißverständnis. Er geht darauf zurück, daß in der hebräischen Bibel immer dort, wo die Konsonanten des Gottesnamens »Jahwe« geschrieben wurde, »Adonai« gelesen wurde, und deshalb in der punktierten, also mit Vokalzeichen versehenen Fassung zu den Konsonanten »Jhwh« die leicht veränderten Vokale des Wortes »Adonai« hinzugefügt wurden.

Die Zeugen Jehovas beziehen sich in ihrer Glaubenslehre ausschließlich auf die Bibel, und zwar in der Fassung ihrer »Neue-Welt-Übersetzung«. Ihr Zugang zur Bibel ist fundamentalistisch. Sie halten die Bibel also für wörtlich inspiriert und irrtumsfrei, und dabei liegen Altes und Neues Testament auf einer Ebene. Sie deuten die Bibel ohne Zuhilfenahme der wissenschaftlichen Auslegung. Sie verstehen die ganze Bibel als ein apokalyptisches Buch, als ein Buch also, welches das nahe Weltende einschärft. Die visionären Schilderungen des Endkampfes, des Tausendjährigen Reiches, des Jüngsten Gerichts und des ewigen Lebens in der Offenbarung des Johannes bilden für die Zeugen Jehovas die Mitte der Heiligen Schrift.

Ein Schlüsselgedanke ist die »Schlacht von Harmagedon« (nach Offenbarung 16,16). In dieser Schlacht wird Christus den Satan und die Dämonen vernichten. Danach beginnt das Tausendjährige Reich. Die auserwählten 144000 werden mit Christus vom Himmel aus über die Erde herrschen. Alle anderen, die auf der Seite Gottes stehen, werden im Paradies auf Erden leben. Das sind in erster Linie die übrigen Zeugen Jehovas, dann aber auch verstorbene Gerechte vergangener Zeiten, sowie andere Auferweckte, die von Gott eine Chance bekommen, sich zu bewähren. Allerdings kommt es am Ende des Tausendjährigen Reiches noch einmal zu einer Krise. Satan und seine Engel werden auf der Erde erscheinen und versuchen, die

Menschen zu verführen. Ein Teil von ihnen wird von Gott abfallen und endgültig vernichtet werden. Die übrigen werden in einem ewig dauernden goldenen Zeitalter auf der Erde leben.

Jesus Christus ist nach der Lehre der Zeugen Jehovas das oberste Geschöpf Gottes, der menschgewordene Erzengel Michael. Zur Sündenvergebung der Menschen ist er am »Pfahl« gestorben. Die Erlösung von der Sünde ist nur möglich durch den Glauben an das »Loskaufopfer Christi«. Die Lehre von der Trinität wird abgelehnt: »Jesus Christus ist kein Teil einer dreieinigen Gottheit, sondern der einziggezeugte Sohn Gottes.«[171]

Mitglied bei den Zeugen Jehovas wird man durch die Erwachsenentaufe. Sie wird durch Untertauchen im Wasser vollzogen. Jeden Sonntag versammelt man sich im »Königreichssaal« zum Studium des Wachtturms, singt und betet. Dazu kommen für die einzelnen Mitglieder wöchentlich fünf Zusammenkünfte, die jeweils etwa eine Stunde dauern: Zusammenkunft für die Öffentlichkeit; Wachtturm-Studien; »theokratische Predigtdienstschule«; Dienstzusammenkunft; »Versammlungsbuchstudium«. Zu Hause soll das »Familienbibelstudium« fortgesetzt werden.

Die Zeugen Jehovas lehnen das christliche Kirchenjahr mit seinen Festen ab, insbesondere Weihnachten und Ostern. Es gibt bei ihnen auch keine volkstümlichen Bräuche wie Geburtstagsfeiern.

Die einzelnen Zeugen Jehovas sind zum »Königreichspredigtwerk« verpflichtet. Sie haben im »Haus-zu-Haus-Dienst« Stadtbezirk für Stadtbezirk und Haus für Haus zu missionieren.

Die Zeugen Jehovas halten die ganze Welt außerhalb ihres eigenen Bereichs für eine Beute des Satans. Deshalb lehnen sie jede aktive Mitwirkung im Staatswesen und sogar im Gemeinwesen sowie die Beteiligung an politischen Wahlen ab. Sie verweigern Wehrdienst sowie Ersatzdienst. Dafür nehmen sie auch große Opfer auf sich. So wurden im Dritten Reich 6000 Zeugen Jehovas, deren Glaubensgemeinschaft 1933 in Deutschland verboten wurde, in die Konzentrationslager eingeliefert. 2000 von ihnen fanden dort den Tod.

Abgelehnt werden Bluttransfusionen, auch bei Unglücksfällen, weil dies unbiblisch sei. Schulpflichtige Kinder dürfen nicht an außerlehrplanmäßigen Schulaktivitäten teilnehmen.

In ihrem Exklusivitätsanspruch und ihrer Ablehnung der Gesamtchristenheit übertreffen sie alle übrigen Sondergemeinschaften. Die Zeugen Jehovas meinen, die Kirchen seien seit 1874 (nach den biblischen Berechnungen von Russell das Jahr, mit dem die unsichtbare Herrschaft Jesu Christi auf der Erde begann) unwiderruflich und restlos vom Satan bestimmt. Sie seien jetzt Teile des »Weltreichs der falschen Religion«. Jeden, der seitdem nicht zu den Zeugen Jehovas gehört oder kommt, halten sie für verloren.

Die Glaubensgemeinschaft der Zeugen Jehovas ist streng hierarchisch gegliedert. Die Zentrale befindet sich in Brooklyn (New York). An der Spitze stehen der Präsident und die »Leitende Körperschaft der Zeugen Jehovas« mit bis zu 18 Mitgliedern. Sie und die »Wachtturm-Bibel- und Traktat-Gesellschaft«, in deren Vorstand sieben Mitglieder der »Leitenden Körperschaft« sitzen, wachen streng über die Lehre, die sie in den vierzehntägig erscheinenden Zeitschriften »Der Wachtturm« und »Erwachet« festhalten.

Gezählt werden bei den Zeugen Jehovas nur aktive Prediger oder »Verkündiger«, und das sind etwa 4,5 Millionen, davon über 160000 in Deutschland. Dazu kommen etwa 11 Millionen Angehörige und Sympathisanten.[172]

## 8.5 Neuapostolische Kirche

Die Neuapostolische Kirche entstand in den Jahren 1860 bis 1907. Endgültig formierte sie sich 1895 mit dem Amt des »Stammapostels«.

Vorläuferin der Neuapostolischen Kirche ist die *»Katholisch-Apostolische Gemeinde«.*[173] Diese geht zurück auf Henry Drummond (1786–1860) und den schottischen presbyterianischen Prediger Edward Irving (1792–1834). Die ökumenisch gesonnenen, charismatisch geprägten, protestantischen, heute kaum noch bestehenden Gemeinden wurden nach ihrem Mitbegründer Edward Irving auch »Irvingianer« genannt. Die Anfänge liegen 1826 in einem Londoner Kreis zur Erforschung der prophetischen Schriften der Bibel. Es kam zu Bekehrungen und Erweckungen. Wiederbelebt wurden die Gnadengaben (Charismen) der Glaubensheilung, des Sprachengebets (Zungenreden) und der Weissagung. 1832 wurde das urgemeindliche Amt der zwölf Apostel als einmaliges Amt wieder eingeführt. 1840–1842 wurde eine Liturgie erarbeitet, die sich an altkirchlichen Mustern ausrichtete. 1847 wurde das Sakrament der »Versiegelung« eingeführt, die Mitteilung des Heiligen Geistes durch die Handauflegung eines Apostels. Man hoffte, Christus werde noch zu Lebzeiten dieser zwölf Apostel wiederkommen. Als aber 1855 drei Apostel starben, zerschlug sich diese Hoffnung. 1901 starb der letzte Apostel. Damals zählten die katholisch-apostolischen Gemeinden weltweit etwa 200000 Mitglieder. Die Reste der Gemeinden, die sich als wartende Gemeinden verstehen, sind inzwischen weitgehend in ihren protestantischen Mutterkirchen aufgegangen.

Die *Neuapostolische Kirche* entstand, nachdem der katholisch-apostolische Prophet Heinrich Geyer (1818–1896) nach dem Tod dreier Apostel der Irvingianer 1860 zwei neue Apostel berief. Geyer wurde 1862 von seinem Dienst in der Katholisch-Apostolischen Gemeinde suspendiert und 1863 aus der Gemeinde ausgeschlossen. Er gründete 1863 in Hamburg eine »Allgemeine christliche apostolische Mission« und berief Apostel. Unter maßgeblicher Führung des Apostels Fritz Krebs (1832–1905) entstand die eigentliche neuapostolische Bewegung.

1896 nahm Krebs die Bezeichnung »Stammapostel« an. Unter Stammapostel Hermann Niehaus (1848–1932) erhielten die Gemeinden 1907 die Bezeichnung »Neuapostolische Gemeinden«. Seit 1930 gilt der Name »Neuapostolische Kirche«.Im gleichen Jahr wurde Johann Gottfried Bischoff (1871–1960) neuer Stammapostel.

Die Neuapostolische Kirche ist hierarchisch gegliedert. An der Spitze steht der Stammapostel, der seit 1975 in Zürich residiert. Ihre Besonderheit ist das Apostelamt, das sie als unbedingt erforderlich ansieht. Dem Stammapostel unterstehen die Bezirksapostel, Apostel, Bischöfe, Bezirksälteste, Bezirksevangelisten, Gemeindeälteste, Hirten, Gemeindeevangelisten, Priester, Diakone und Unterdiakone. Der Stammapostel ist mit unfehlbarer Lehrautorität ausgestattet und setzt das Erlösungswerk Christi fort. So ist die zweite Glaubensquelle neben der Bibel kein Buch, sondern ein Amt.

Ein weiteres Kennzeichen der Neuapostolischen Kirche ist die apokalyptische Erwartung. Der Artikel 9 des neuapostolischen Glaubensbekenntnisses lautet: »Ich glaube, daß der Herr Jesus so gewiß wiederkommen wird, wie er gen Himmel gefahren ist, und die Erstlinge aus den Toten und Lebenden, die auf sein Kommen hoffen und zubereitet werden, verwandelt und zu sich nimmt, daß er nach der Hochzeit im Himmel mit diesen seinen Erstlingen auf die Erde zurückkommt, sein Friedensreich aufrichtet und daß sie mit ihm als Könige und Priester regieren. Am Abschluß des Friedensreiches wird er das Endgericht halten, wo alle noch Lebenden samt den Toten ihr Urteil empfangen, wie sie gehandelt haben bei Leibesleben, es sei gut oder böse.«[174]

Der Stammapostel Johann Gottfried Bischoff (1871–1960) verkündete ab 1951, Christus werde zu seinen Lebzeiten wiederkommen. Sein Nachfolger Walter Schmidt (1891–1984) erklärte nach Bischoffs Tod, Gott habe es sich anders überlegt: »Wir stehen vor dem unerforschlichen Ratschluß Gottes und fragen uns, warum er seinen Willen geändert hat.«[175] Seitdem werden keine Termine der Wiederkunft Christi genannt. Auf Schmidt folgte als Stammapostel 1975 Ernst Streckeisen (1905–1978), 1978 Hans Urwyler, 1988 Richard Fehr.

Die Neuapostolische Kirche versteht sich als die einzig wahre Kirche der Endzeit. Denn nur in ihr wirken die Nachfolger der Apostel, die Jesus Christus am Anfang berufen hat. Nur Neuapostolische finden sich unter den »144000«, die an der ersten Auferstehung teilhaben werden (nach Offenbarung 14,1–5) und im Tausendjährigen Reich mit Christus als Könige und Priester herrschen werden. Im Tausendjährigen Reich wird allen Menschen das Heil angeboten werden. Danach kommt es am Jüngsten Tag zum Endgericht. Die Erlösten werden dann in ewiger Gemeinschaft mit Gott leben.

Im sonntäglichen Gottesdienst wird das Abendmahl gefeiert. Die Predigt erfolgt ohne Vorbereitung. Die Chöre spielen eine wichtige Rolle. Die Feste des Kirchenjahres sind im wesentlichen die der Gesamtchristenheit. Alle vier Monate empfangen Lebende stellvertretend für Tote das Abendmahl. Die Neuapostolischen kennen drei Sakramente: die trinitarisch mit Wasser vollzogene Taufe, das Abendmahl und die »Versiegelung« durch Handauflegung eines

Apostels als Übermittlung des Heiligen Geistes. Die Aufnahme in die Kirche erfolgt durch die Versiegelung.

Weltweit ist die Neuapostolische Kirche in 20 Apostelbezirke eingeteilt. 13 liegen in Europa, 7 außerhalb Europas. Die Bezirke werden von den Bezirksaposteln geleitet. Die Neuapostolische Kirche zählt etwa 7 Millionen Mitglieder, davon etwa 440000 in Deutschland.

## *8.6 Christengemeinschaft*

Die Christengemeinschaft ist von der Anthroposophie Rudolf Steiners (1861–1925) beeinflußt. Ihre Geburtsstunde sieht die Christengemeinschaft in der ersten »Menschenweihehandlung«. Sie wurde am 16. September 1922 durch ihren ersten »Erzoberlenker«, den evangelischen Theologen Friedrich Rittelmeyer (1872–1938), im Goetheanum zu Dornach (Schweiz) zelebriert. Der Gründung gingen 1921 zwei Theologenkurse Rudolf Steiners in Stuttgart und in Dornach voraus. Nach Friedrich Rittelmeyer hatten zwei weitere ursprünglich evangelische Theologen das Amt des Erzoberlenkers inne: 1938 Emil Bock (1895–1959), 1959 Rudolf Frieling (1901–1986).

Steiner und Rittelmeyer verbürgten von Anfang an ein hohes geistiges Niveau der um Liturgie und sieben Sakramente zentrierten Christengemeinschaft. Die Christengemeinschaft versteht sich als Kultgemeinschaft, weniger als Bekenntnisgemeinschaft. »Der Kultus führt das religiöse Erleben und das menschliche Bewußtsein über die irdische Ebene hinaus in die Erfahrung einer höheren Welt hinein. Er bereitet die Stätte für das unmittelbare Walten des Christus in der Gemeinde.«[176]

Die Christengemeinschaft betont die Lehrfreiheit ihrer Priester und Lehrer. Allerdings hat sie ein eigenes »Bekenntnis« mit zwölf Artikeln, das Rudolf Steiner für sie formuliert hat.[177] Sie erkennt auch die »Basisformel« des Ökumenischen Rates der Kirchen an.[178]

Der Philosoph, Goethe-Forscher und Universalgelehrte Rudolf Steiner schloß sich 1902 der Deutschen Sektion der Theosophischen

Gesellschaft an. Er wurde zu deren Generalsekretär gewählt. 1913 brach er mit der Theosophischen Gesellschaft, die 1910 den Hinduknaben Krishnamurti zum wiedergeborenen Christus ausgerufen hatte. Im Unterschied zu den Theosophen hatte der Katholik Steiner einen Zugang zur Einmaligkeit des Christusgeschehens gefunden. 1913 gründete Steiner die Anthroposophische Gesellschaft.

Friedrich Rittelmeyer war ein herausragender evangelischer Theologe und Pfarrer. Er war ein hochgeschätzter Prediger und gehörte zum liberalen Flügel des Protestantismus. Ab 1903 Pfarrer in Nürnberg, war er zusammen mit Pfarrer Christian Geyer Wortführer des freisinnigen Flügels der bayerischen evangelisch-lutherischen Landeskirche. Gemeinsam veröffentlichten Geyer und Rittelmeyer die Predigtbände »Gott und die Seele« (1906) und »Leben aus Gott« (1910). Schon 1910 begegnete Rittelmeyer Rudolf Steiner. Unter seinem Einfluß wandelte sich seine Christologie, weg vom Nachdruck auf den historischen Jesus hin zum kosmischen, universalen Christus. 1916 bis 1922 war Rittelmeyer Pfarrer an der Neuen Kirche in Berlin.

Auch wenn die Christengemeinschaft die Freiheit der Lehre und des Bekenntnisses vertritt, ist für ihre Auslegung der Heiligen Schrift doch Rudolf Steiners Anthroposophie zu einer zweiten Offenbarungsquelle geworden. Die verschiedenen kosmischen Stufen von der materiellen Welt hin zu den höheren Welten sowie der Reifungsvorgang und Erlösungsprozeß, der als Vergeistigung verstanden ist, erinnern an die altchristliche Gnosis, auch wenn die irdische Schöpfung nicht abgewertet wird. Der irdische Jesus tritt gegenüber dem kosmischen Christus in den Hintergrund. Auch das kann an gnostische Einflüsse denken lassen.[179]

Der Christus steht im Mittelpunkt der Heilsgeschichte. Christus kam als Sonnengott auf die Erde. Er nahm bei der Taufe Jesu dessen menschliche Hülle an und wurde so zum Erdengott. Nach der anthroposophischen Auffassung von den zwei Jesusknaben inkarnierte sich der Christus bei der Taufe im lukanisch-nathanischen Jesus, der im Alter von zwölf Jahren den matthäisch-salomonischen Jesus mit sich vereinigte.[180] Das »Mysterium von Golgatha« ist das »entscheidende Mittelpunkts-Ereignis der Menschheitsgeschichte«. Die ganze Erde wird vom Christusimpuls ergriffen und vom Blut des sich opfernden Christus durchdrungen. Am Kreuz hat Christus das geistige Sein der gesamten Menschheit wiederbelebt.

Das im Bekenntnis der Christengemeinschaft formulierte Gottesverständnis ist mehrdeutig: »Ein allmächtiges geistig-physisches Gotteswesen ist der Daseinsgrund des Himmels und der Erde, das väterlich seinen Geschöpfen vorangeht.«[181] Man kann nämlich fragen, ob Gott hier im Sinn des Hauptstroms der christlichen Überlieferung als Urgrund und Ziel von allem verstanden ist, oder als höchstes Wesen in einer Hierarchie höherer und niederer Geister.

Die Rede vom »Christus in uns« nimmt mystische Gedanken auf, die im Neuen Testament ihren Anhalt haben (etwa Galater 2,20). Mit den Ideen von Karma und Reinkarnation ist hinduistisches Gut einbezogen. Im Bekenntnis der Christengemeinschaft ist dies im Begriff »Weltenfortgang« angedeutet: Der Christus »wird sich einst vereinen zum Weltenfortgang mit denen, die Er durch ihr Verhalten dem Tode der Materie entreißen kann«[182].

Die sieben Sakramente der Christengemeinschaft[183] entsprechen denen der römisch-katholischen Kirche und der Ostkirchen. Wegen Formulierungen, die von den gesamtkirchlich üblichen Formeln abweichen, wird ihre Taufe von der evangelischen und der römisch-katholischen Kirche bislang nicht anerkannt. Im Ritual der Nottaufe gebraucht die Christengemeinschaft allerdings die ökumenisch üblichen Spendeworte. Die Taufe wird mit den Elementen Wasser, Salz und Asche vollzogen. Die »Menschenweihehandlung« entspricht dem Abendmahlsgottesdienst in der Form der Messe. Sie besteht aus vier Teilen: Verkündigung, Opferung, Wandlung und Kommunion. »Nicht der Mensch, sondern Gott steht im Mittelpunkt der Menschen-Weihehandlung. Zu ihm und zu Christus wird gebetet.«[184] »Die Feier gibt dem Menschen Würde und Weihe, indem sie ihn lehrt, sich zu Christus hinzuwenden, ihm zu dienen und mit ihm zu wirken.«[185] Die liturgischen Texte der Menschenweihehandlung, die erst in jüngster Zeit veröffentlicht worden sind,[186] wurden von Rudolf Steiner formuliert. Das Sterbesakrament gibt eine Wegzehrung für den Gang durch die Todespforte.

In der Christengemeinschaft gibt es ein Vertrauen auf Gottes Gnade. Allerdings muß die Gnade Gottes in den Menschen, die sich für den geistigen Weg frei entscheiden können und müssen, einen Widerhall finden. Insofern wirken die Menschen durch ihr freies Handeln mit an ihrer Persönlichkeitsentwicklung, ihrer Vergeistigung und ihrer Erlösung. Die Frage ist allerdings, wie es zu der menschlichen Freiheit und zur freien Antwort auf Gottes Gnade kommt. In der Christengemeinschaft hat es zumindest den Anschein, daß sich die Menschen diese Freiheit selbst erarbeiten müssen. Nach evangelischer Überzeugung dagegen ist diese Freiheit selbst ein Geschenk der Gnade Gottes (Galater 5,1).

Die Christengemeinschaft versteht sich selbst als Synthese von Katholizismus und Protestantismus und somit als Vollendung der bisherigen Kirchen. Gerade damit lehnt sie die Kirchen nicht ab. Im Credo der Christengemeinschaft heißt es: »Gemeinschaften, deren Glieder den Christus in sich fühlen, dürfen sich vereinigt fühlen in einer Kirche, der alle angehören, die die heilbringende Macht des Christus empfinden.«[187] Die Christengemeinschaft fordert von ihren Mitgliedern keinen Kirchenaustritt. Sie läßt vielmehr Mitglieder der verschiedenen Kirchen an ihren Sakramenten und ihrem Kultus teilnehmen und verbietet ihren eigenen Mitgliedern nicht die Teilnahme an deren Abendmahl. Zwischen der Christengemeinschaft und der Evangelischen Kirche in Deutschland (EKD) gibt es informelle Gespräche, in denen Gemeinsamkeiten und Differenzen ausgelotet werden.[188]

Von allen genannten Sondergemeinschaften steht die Christengemeinschaft dem Hauptstrom der christlichen Überlieferung und den drei großen Gruppen von Konfessionsverwandten am aufgeschlossensten gegenüber.[189] In ihrer Literatur beschäftigt sie sich mit der gesamten europäischen Geistesgeschichte, mit der Mystik und den mystisch-spiritualistischen Unterströmungen, mit der außerchristlichen Religionswelt und mit Mythen und Symbolen, und sie zeigt ein besonderes Interesse an ostkirchlicher Religionsphilosophie.

Die Christengemeinschaft ist hierarchisch gegliedert. Weltweit ist sie zusammengefaßt in der »Foundation The Christian Community (international)«. An der Spitze steht der in Stuttgart residierende »Erzoberlenker«. Zusammen mit den beiden »Oberlenkern« bildet er den ständigen Leitungskreis. Daneben gibt es den »Siebenerkreis«, zu dem der Erzoberlenker, die beiden Oberlenker und vier Lenker gehören. Er entscheidet unter anderem über die Zulassung zur Priesterweihe. Von Anfang an kennt die Christengemeinschaft, deren Pfarrer Priester genannt werden, auch Priesterinnen. 1933 wurde in Stuttgart ein Priesterseminar gegründet. Wie die Anthroposophie, ist auch die Christengemeinschaft sozial aktiv. In Deutschland sind ihre sozialen Einrichtungen im »Verband der Sozialwerke der Christengemeinschaft« zusammengeschlossen.

Vor allem Akademiker und Künstler fühlen sich von der Christengemeinschaft angezogen. Ihre Ausstrahlung übertrifft bei weitem ihre Mitgliederzahl: Weltweit sind es etwa 25 000 Mitglieder, davon 15 000 in Deutschland. Dazu kommt aber ein Mehrfaches an Freunden oder »Zugehörigen«. In Deutschland hat die Christengemeinschaft zur Zeit 141 Gemeinden, außerhalb Deutschlands 142 Gemeinden.

## *8.7 Gleitende Übergänge zum Hauptstrom der christlichen Überlieferung*

Die Sondergemeinschaften sind in ihrem Abstand oder ihrer Nähe zum gesamtchristlichen Konsens nicht über einen Kamm zu scheren. Von manchen Sondergemeinschaften gibt es Abspaltungen, die sich zum Hauptstrom christlicher Überlieferung hinbewegen.

Zu denken ist hier etwa an die Reform-Mormonen der »Reorganisierten Kirche Jesu Christi der Heiligen der Letzten Tage«. Sie besteht seit 1852 und umfaßt etwa 230 000 Mitglieder. Entsprechendes gilt von etlichen Abspaltungen von der Neuapostolischen Kirche, die unter dem Sammelbegriff »Freie Apostelgemeinden« zusammengefaßt werden.[190] Selbst von den Zeugen Jehovas haben sich manche »liberalere« Gruppen mit abgemildertem Absolutheitsanspruch abgespalten, insbesondere die »Freie Bibelgemeinde«.[191]

In umgekehrter Richtung gibt es gleitende Übergänge weg von einem gesamtchristlichen Konsens hin zu den Sondergemeinschaften. Einige Gemeinschaften bewegen sich lehrmäßig am äußersten Rand der großen Konfessionsblöcke und haben sich dabei von ihren Mutterkirchen getrennt. So gibt es in der Orthodoxie und im römischen Katholizismus einige traditionalistische Splittergruppen, im Protestantismus etliche kleine fundamentalistische Kirchen. Kleine Abspaltungen von den Siebenten-Tags-Adventisten haben eine antiökumenische Stoßrichtung, und manche extreme Gruppen im Bereich der Pfingstbewegung erheben für sich einen Absolutheitsanspruch.

*Die Sondergemeinschaften als Anfrage*

Die christlichen Sondergemeinschaften sind eine Anfrage an die Kirchen, die zur christlichen Ökumene gehören. Die drei großen Gruppen von Konfessionsverwandten sollten sich einer kritischen Selbstprüfung nicht verweigern.

Vielleicht ist die geistbewegte Lebendigkeit von einer lehrhaften Unbeweglichkeit, von dogmatischer Starre erdrückt worden. Vielleicht wurde den einzelnen Menschen zu wenig Geborgenheit in einer tragenden Gemeinschaft geboten. Vielleicht wurden zu wenig Hilfestellungen für eine verbindliche Lebensgestaltung und für eine durchgeformte Frömmigkeit gegeben. Ist bei den Kirchen, die im Hauptstrom der christlichen Überlieferung stehen, die Mühe um Erkenntnis zu kurz gekommen? Wurde die Heiligung des Lebens vernachlässigt? Wurde die Gabe der Heilung nicht mehr gesucht? Ist die biblische Aussage vom Ende der Zeit nicht ernst genommen worden?

Die Sondergemeinschaften füllen hier manche Lücken, die von suchenden oder in Krisensituationen befindlichen Menschen schmerzlich empfunden werden. Freilich haben sie dabei einzelne Gesichtspunkte überbetont und übertrieben, etwa die Heiligung oder das kommende Weltende oder die Inspiration der Heiligen Schrift. Sie haben einzelnes aus der biblischen Botschaft einseitig herausgestellt und damit verzerrt, statt es im größeren Zusammenhang christlicher Erfahrung zu sehen und es in der vielseitigen und vielgestaltigen Christusbotschaft unterzubringen.

# 9. Abschließende Überlegungen: Die Wahrheitsfrage zwischen den Kirchen

Nicht selten scheint die Zusammenarbeit zwischen den verschiedenen christlichen Kirchen und damit die Ökumene zu stagnieren. Ein Grund dafür ist wohl darin zu sehen, daß man nicht immer ehrlich miteinander umgeht. Man vermeidet es, sich unangenehmen Wahrheiten zu stellen, um nur ja den Streit zu vermeiden. Man stellt sich gegenseitig keine Fragen mehr, welche die anderen herausfordern, und will umgekehrt selbst in Ruhe gelassen werden. Solches Harmoniebedürfnis geht den Weg des geringsten Widerstandes. Nur lernt man dann nichts voneinander und hat sich nichts zu sagen. Begnügt man sich mit dem Austausch von Freundlichkeiten und Höflichkeiten, so wird die Ökumene langweilig.

Ein neuer Impuls ergibt sich für die Ökumene daraus, daß man ehrlich miteinander umgeht und gemeinsam um die Wahrheit ringt. Wo haben Christen der einen Konfession denen einer anderen Konfession eine Wahrheit zu bezeugen, die ihnen bisher fremd gewesen ist oder die sie abgelehnt haben? Wo haben die Partner der anderen Konfession den Christen der eigenen Konfession Wichtiges und Gültiges zu sagen, was sie bisher nicht im Blick hatten?

*Treue gegenüber dem Wort und Willen Gottes*

Angesichts einer manchmal reizvollen, manchmal verwirrenden innerchristlichen Vielfalt drängt sich also die Frage nach der Wahrheit auf. Da kann doch nicht alles gleichermaßen eine angemessene Fassung des Christlichen sein, die dem Geist Jesu entspricht! Da kann doch nicht alles im selben Ausmaß der Botschaft Jesu gerecht werden! Wie ist das Wort Gottes möglichst unverfälscht zu verstehen und unverzerrt zu bezeugen, damit es sich dann im täglichen Leben heilsam auswirken kann? Diese Art der Wahrheitsfrage geht also von einer gemeinsamen christlichen Grundüberzeugung aus. Umstritten ist dabei nur, welches Verständnis, welche Aneignung und welche Aktualisierung der christlichen Botschaft dem Wort und Willen Gottes am ehesten treu bleibt.

Die heutigen Konfessionen sind großenteils aus Positionen hervorgegangen, die nicht mehr innerhalb ein und derselben Gemeinschaft Platz zu haben schienen und die sich dann um ihres Wahrheitsverständnisses willen verselbständigten. Die Wahrheitsfrage stellt sich also zwischen den Konfessionen, aber auch zwischen den Positionen, die innerhalb der einzelnen Konfessionen ihren Platz beanspruchen und die häufig als Grundhaltungen und Grundeinstellungen zugleich die einzelnen Konfessionen überschreiten. So wird der innerchristliche Streit um die Wahrheit innerhalb der Konfessionen (innerkonfessionell), zwischen ihnen (interkonfessionell) und auch quer durch alle Konfessionen (transkonfessionell) ausgetragen.

*Religiöse Wahrheit*

Im Unterschied zu den Einzelwahrheiten, die in der Alltagserfahrung begegnen und in den verschiedenen Wissenschaften erforscht werden, bezieht sich die Wahrheit im religiösen Sinn auf das Ganze der Wirklichkeit, wobei letztlich keine echte Einzelwahrheit (etwa naturwissenschaftlicher, historischer oder psychologischer Art) der Wahrheit im ganzen widersprechen kann. Wahrheit in religiöser Hinsicht meint das Geheimnis des Seins; den Ursprung, die Grundlage und das Ziel allen Daseins; »das, was uns unbedingt angeht ... was über unser Sein oder Nichtsein entscheidet«[192].

Christlich verstanden, meint religiöse Wahrheit zuallererst den dreieinigen Gott als die alles bestimmende Wirklichkeit, als das Woher und den tragenden Grund und das Wohin alles dessen, was ist.[193] Damit uns Gott aber in seinem Charakter, in seinem wahren Wesen bekannt wird, muß er aus seiner Verborgenheit heraustreten und uns ansprechen, sich uns offenbaren. Wahrheit meint also zugleich das »Wort Gottes«. Dieses ist nach christlicher Überzeugung in Jesus Christus als dem leibhaftigen Wort Gottes (Johannes 1,14) verkörpert. Biblische Botschaft und christliche Verkündigung sind selbst Wort Gottes, indem sie Jesus Christus bezeugen.

Erst in dritter Linie ist religiöse Wahrheit dann auch die »richtige«, zutreffende, angemessene Lehre, die stimmige Beschreibung des Wortes Gottes. Eine solche Lehre ist dem Leben und der Glaubenserfahrung zugeordnet, der Begegnung mit Gott und dem Vertrauen zu ihm. Ausschöpfen läßt sich Gottes Wort durch die christliche Lehre nicht, und schon gar nicht das Geheimnis Gottes. Doch ist Gottes Wort auch nicht zugänglich ohne verständliche, geordnete, vernünftige Worte, und diese bergen als solche schon den Ansatz zur Lehre in sich.

Die verschiedenen Religionen und Weltanschauungen sind in der Wahrheitsfrage als solcher verbunden, also in der Frage nach etwas Letztgültigem, nach der alles bedingenden und umgreifenden Daseinsmacht. Ihre grundlegende Verschiedenheit oder Gegensätzlichkeit liegt darin, was das Schlüsselereignis ist, das den wahren Charakter des göttlichen Geheimnisses aufschließt und zugleich alles einzelne beleuchtet, erhellt und klärt.

*Fundamentalkonsens*

Wird dagegen zwischen den *christlichen* Konfessionen und Positionen um die Wahrheit gerungen, dann auf der Grundlage eines Fundamentalkonsenses. Es besteht eine Grundübereinstimmung über Jesus Christus als die maßgebende und endgültige Offenbarung Gottes. Er ist »der Weg, die Wahrheit und das Leben« (Johannes 14,6). Das in der Bibel bezeugte Wort Gottes wird gemeinsam geglaubt als die unbedingt verpflichtende und vertrauenswürdige Anrede Gottes an uns. Grund und Quelle aller Wahrheit ist der dreieinige Gott, der Schöpfer, der Erlöser und der Vollender.

Als Ergebnis von hundert Jahren ökumenischer Bewegung ist festzuhalten: Das verbindend Christliche ist das zugleich Verbindliche, und eben das verbindlich Christliche verbindet die Kirchen. Es besteht ein gesamtchristlicher Konsens im Wesentlichen und Erstrangigen der christlichen Glaubenslehre: protestantisch gesagt in den »Fundamentalartikeln« des Glaubens[194], römisch-katholisch gesagt in dem, was in der »Hierarchie der Wahrheiten« obenan steht[195]. Anläßlich des 450jährigen Jubiläums des Augsburger Bekenntnisses betonte 1980 Kardinal Johannes Willebrands, der Präsident des Vatikanischen Sekretariats für die Einheit der Christen (jetzt »Päpstlicher Rat zur Förderung der Einheit der Christen«): »Geblieben ist jedoch und erneut bestätigt unsere Überzeugung, daß die Spaltung von damals nicht bis in den gemeinsamen Wurzelstock gegangen ist, und daß das Gemeinsame unseres Glaubens wesentlich tiefer und weiter reicht als das Trennende.«[196]

Der christliche Fundamentalkonsens steckt einen Rahmen ab. Darin gibt es einen Spielraum für eine berechtigte Vielfalt von Frömmigkeitsformen, Liturgien, kirchlichen Gebräuchen und Ordnungen, und nicht zuletzt für eine Vielfalt theologischer Positionen. Innerhalb einer Konfession haben solche Positionen den Charakter von »Lehrmeinungen« oder »Schulmeinungen«. Scheinen solche Lehrmeinungen aber von der üblichen Lehre einer Konfession bis zu einem gerade noch erträglichen Grad abzuweichen und werden sie dort auch nur von einer kleineren Gruppe vertreten, so gelten sie als heterodox, als eigenwillig. Sie werden dann auch »Sonderlehren« genannt.

*Unterscheidungslehren*

Die »Unterscheidungslehren«, also die »Lehrunterschiede«, mit denen sich die Konfessionen deutlich voneinander abheben, lassen danach fragen, wie das Wort Gottes möglichst angemessen zu begreifen und weiterzugeben ist und wie das Leben der Christen im Alltag und in der Gemeinde am besten dem Wort Gottes gemäß zu gestalten ist. Bei dieser innerchristlichen Wahrheitsfrage geht es nicht um Wahrheit oder Irrlehre schlechthin, sondern um die größtmögliche Treue gegenüber dem Evangelium. Was entspricht am ehesten dem Geist Jesu? Wie ist das Verhältnis von Buchstabe und Geist, von Bindung und Freiheit zu bestimmen, ohne daß es zu Verfälschungen kommt? Und vor allem: Wer vermittelt und garantiert die Wahrheit? Protestanten und romfreie Katholiken können sich nicht dem Lehrprimat und der Unfehlbarkeit des Papstes unterstellen, weil es der Geist Gottes ist, der in alle Wahrheit führt (Johannes 16,13). Römisch-katholische Christen wollen aber gerade auf die Lehrautorität und gegebenenfalls die Unfehlbarkeit des Papstes nicht verzichten, weil sie hier eine Garantie für unverfälschte Weitergabe des Evangeliums sehen.

Hier kann und darf man sich das Christsein gegenseitig nicht absprechen. Erst wo der gesamtchristliche Fundamentalkonsens verlassen wird, stellt sich christlicherseits von Grund auf die Wahrheitsfrage. Dann geht es also nicht nur um ein möglichst angemessenes Verstehen und Aneignen der Wahrheit, sondern um Wahrheit oder Irrlehre (Häresie).

Häufig entzündet sich zwischen den Konfessionen die Wahrheitsfrage aber ausgerechnet am gesamtchristlichen Fundamentalkonsens selbst. Das hängt mit den überkommenen »Unterscheidungslehren« zusammen. So ist etwa umstritten, was in der »Hierarchie der Wahrheiten« vorgeordnet und was nachgeordnet ist. In den katholischen Kirchen werden Themen wie Kirchenverfassung, Lehrautorität und Leitung in der Kirche, geistliches Amt, Marienverehrung und Heiligenverehrung höher bewertet als in den reformatorischen Kirchen. Ferner ist in den meisten reformatorischen Kirchen der Spielraum für eigene Auslegungen des christlichen Fundamentalkonsenses weiter gefaßt als in der römisch-katholischen Kirche. Die Spannung zwischen Eindeutigkeit der Lehre und Weitherzigkeit ihrer Auslegungsmöglichkeiten wird hier und dort unterschiedlich ausgehalten.

Außerdem kommt in den einzelnen Gruppen von Konfessionsverwandten der Konsens verschieden zustande. In den Ostkirchen ist er Sache eines Ökumenischen Konzils. In der römisch-katholischen Kirche wird er vom Lehramt festgelegt oder wenigstens verbindlich festgestellt. In den reformatorischen Kirchen wird er gemäß dem allgemeinen Priestertum der Gläubigen im »freien Spiel der Kräfte« (das heißt: auf Grund der Einsichten und Erfahrungen, die durch das Hören des Wortes Gottes gewonnen worden sind) immer von neuem gesucht und dann, wenn möglich, in Konsensformeln und Konkordien festgehalten.[197]

Schließlich besteht zwischen der römisch-katholischen Kirche und den anderen Kirchen eine Differenz in der Frage, wer die Christen vor gravierenden Abirrungen von der Wahrheit bewahren kann und damit das Bleiben in der Wahrheit zu gewährleisten vermag. Nach römisch-katholischer Lehre gibt es ein exklusives und letztinstanzliches Lehramt, das die Wahrheit des Evangeliums schützt und verbürgt. Die reformatorischen Kirchen vertreten die Auffassung, der Heilige Geist bediene sich in den Kirchen aller möglichen Kanäle, um dem Wort Gottes Geltung zu verschaffen. Sie sehen die »Leitung durch den Heiligen Geist« nicht an die »Leitung des heiligen Lehramtes«[198] gebunden.

*Grunddissens*

Alle solche Differenzen, die vom gesamtchristlichen Fundamentalkonsens ihren Ausgangspunkt nehmen, können sich zu einem Grunddissens ausweiten, der eine »Kirchengemeinschaft« unmöglich macht: dann nämlich, wenn eine Glaubensgemeinschaft sich selbst verabsolutiert, also für ihre Lehre und Struktur, für ihr eigenes Kirchentum Exklusivität beansprucht, sich für »alleinseligmachend« hält und anderen christlichen Glaubensgemeinschaften die Daseinsberechtigung abspricht.

Ein solcher Totalanspruch wird von einigen Sondergemeinschaften erhoben. Die römisch-katholische Kirche hält sich mindestens seit dem Zweiten Vatikanischen Konzil nicht für deckungsgleich mit der einen Kirche Jesu Christi. Sie hat ihren Absolutheitsanspruch abgemildert. Doch ihr Dogma von der Unfehlbarkeit des »ex cathedra« lehrenden Papstes samt dem Anspruch, die römisch-katholische Kirche als Ganze sei unfehlbar[199], widerspricht der reformatorischen Sicht, wonach die Kirche Sünderin ist und zugleich gerechtfertigt, der Fehlbarkeit ausgesetzt und doch vom Heiligen Geist im Wort Gottes festgehalten. Allerdings muß auch dieser Dissens nicht als letztlich kirchentrennend verstanden werden, seit die römisch-katholische Kirche legitime Wahrheitserkenntnis und Glaubenspraxis auch in den anderen Kirchen anerkennt.

*Typisierungen der Konfessionen*

Die Unterschiede zwischen den Konfessionen, auch ihre »Unterscheidungslehren«, sind so gesehen keine sich ausschließenden Gegensätze. Sie sind meistens nicht kontradiktorischer, sich völlig widersprechender, sondern komplementärer, sich ergänzender Art. Bei den Unterschieden handelt es sich dann eher um verschieden gesetzte Schwerpunkte.

Häufig wird etwa römisch-katholisches Christentum in Petrus, reformatorisches in Paulus und orthodoxes in Johannes verkörpert gesehen.[200] Oder man schreibt der römisch-katholischen Glaubensweise ein seinshaftes (ontologisches), der protestantischen ein personhaftes und der orthodoxen ein mystisches Denken zu.

Eine andere Typisierung geht von den Christusfesten des Kirchenjahres aus.[201] Danach ist der römisch-katholischen Kirche Weihnachten als das Fest der Menschwerdung oder Verleiblichung des Wortes Gottes besonders wichtig. Bei den reformatorischen Kirchen ist Karfreitag ein Höhepunkt als das Fest, an dem die Verheißung der Sündenvergebung und Liebe Gottes gefeiert wird, die im Kreuz Jesu begegnet. Für die orthodoxen Kirchen gipfelt das Heilsgeschehen in der Auferstehung Jesu Christi. An Ostern wird die Vergöttlichung des gekreuzigten Jesus gefeiert, die auch uns auf die Vergöttlichung, die Aufnahme in Gottes Ewigkeit hoffen läßt. Es liegt auf der Hand, daß jede Konfession alle drei Feste braucht, weil das Christusgeschehen die Menschwerdung, das Kreuz und die Auferstehung in sich faßt.[202] Es handelt sich um Akzentverlagerungen, die als solche nicht kirchentrennend sein können.

Schwerpunkt im Protestantismus ist das Wort Gottes, im römischen Katholizismus die Kirche, in den Ostkirchen der gottesdienstliche Lobpreis. Auch das sind nur unterschiedliche Akzente, denn jede Kirche bedarf aller dieser Gesichtspunkte.

*Katholisches und evangelisches Prinzip*

Die »Formalprinzipien« der drei großen Gruppen von Konfessionsverwandten passen zusammen: Das Wort Gottes (reformatorisch) schafft sich in der Kirche einen irdischen Ort (römisch-katholisch) und drückt sich im gottesdienstlichen Lobpreis aus (ostkirchlich).

Entsprechendes gilt von den »Materialprinzipien«: Die Verheißung Gottes (reformatorisch) verleiblicht sich im gelebten Glauben (römisch-katholisch), und so werden wir auf die Vollendung am Ende der Zeit hin »vergöttlicht« (ostkirchlich).

Alle drei Schwerpunkte kommen in Johannes 1,14 vor: »Das Wort« (reformatorisch) »ward Fleisch und wohnte unter uns« (römisch-katholisch), »und wir sahen seine Herrlichkeit« (ostkirchlich).

Die Prinzipien der drei Gruppen von Konfessionsverwandten lassen sich von der Dreiheit weiter auf eine Zweiheit zurückführen. Das »evangelische Prinzip« ist das Wort, das »katholische Prinzip« die Gestaltung des Wortes in der Breite und Weite des Lebens. Gehen wir von den Bedeutungen der Begriffe »evangelisch« und »katholisch« aus, so ist »evangelisch« zu verstehen als auf das Evangelium bezogen, am Evangelium ausgerichtet, und »katholisch« als die ganze Erde umfassend, weltweit, auf die Kirche aller Orte und Zeiten bezogen, ökumenisch.

Das besondere evangelische Anliegen ist die Konzentration auf das Wort Gottes, das besondere katholische Anliegen, daß das Wort Gottes Gehör und Gestalt findet in der Breite aller menschlichen Lebensbereiche und in der Weite der gesamten Menschheit. Alle Konfessionen bedürfen der spannungsreichen und fruchtbaren Polarität von Konzentration und Weite, von Wort Gottes und Gestaltung: sie bedürfen der »evangelischen Katholizität«[203].

*Kirchengemeinschaft als Einheit in der Wahrheit*

Trotz gesamtchristlichen Fundamentalkonsenses, trotz evangelischer Katholizität lassen sich die Konfessionen nicht zu einer einzigen großen Kirchenorganisation, einer Art »Superkirche« zusammenschweißen. Dazu wäre Zwang erforderlich. Das aber widerspricht der christlichen Freiheit. Auch würde die Vielfalt der Gottesdienstformen, Frömmigkeitsstile, Gemeindeordnungen und theologischen Positionen zumindest eingeebnet werden.

Andererseits muß deutlich werden, daß wir es in allen Konfessionen mit der einen Kirche Jesu Christi zu tun haben. Erforderlich ist eine Gemeinschaft zwischen den Kirchen.

Unverzichtbare Grundelemente der »Kirchengemeinschaft« sind einmal der Fundamentalkonsens im Glauben, in der gemeinsam geglaubten Wahrheit; ferner die gottesdienstliche und sakramentale Gemeinschaft, in der gegenseitigen Anerkennung der Sakramente und der »eucharistischen Gastfreundschaft«; schließlich die gegenseitige Anerkennung der Kirchen als Teilkirchen der einen Kirche Jesu Christi und ihrer Ämter als berechtigte Dienste in dieser einen Kirche. In solcher »versöhnten Verschiedenheit«[204] werden »Nachbarkirchen« zu »Schwesterkirchen«, die ihre Differenzen nicht mehr als »kirchentrennend« ansehen.

Mindestens wünschenswert ist noch ein viertes Grundelement einer »Kirchengemeinschaft«: irgendeine Art von »konziliarer Gemeinschaft«, von verbindlicher Zusammenarbeit der kirchenleitenden Gremien auf den verschiedenen Ebenen der Welt, des Landes, der Region und des Ortes. Anders als die reformatorischen Kirchen hält die römisch-katholische Kirche solche konziliare Gemeinschaft sogar für notwendig, und zwar in der Form einer »Rechtsgemeinschaft«, also einer gemeinsamen Jurisdiktion (Rechtsprechung) und Gesamtleitung der Kirchen.

So bleibt umstritten, was alles zu einer »vollen Kirchengemeinschaft« gehört. Allgemein anerkannt ist immerhin, daß es hier verschiedene Stufen und Intensitätsgrade gibt und daß es besser ist, kleine als gar keine

Schritte auf mehr Kirchengemeinschaft hin zu gehen. Somit kann es Fortschritte darin geben, wie die Einheit der Kirche Jesu Christi gelebt und ausgedrückt wird.

Die verschiedenen Grundelemente der »Kirchengemeinschaft« sind bei der Siebten Vollversammlung des Ökumenischen Rates der Kirchen (ÖRK) in Canberra 1991 in der Erklärung zur »Einheit der Kirche als Koinonia: Gabe und Berufung« im Abschnitt 2.1 zusammengefaßt worden:

»Die Einheit der Kirche, zu der wir berufen sind, ist eine Koinonia [Gemeinschaft, Anm. d. Vf.], die gegeben ist und zum Ausdruck kommt im gemeinsamen Bekenntnis des apostolischen Glaubens, in einem gemeinsamen sakramentalen Leben, in das wir durch die eine Taufe eintreten und das in der einen eucharistischen Gemeinschaft miteinander gefeiert wird, in einem gemeinsamen Leben, in dem Glieder und Ämter gegenseitig anerkannt und versöhnt sind, und in einer gemeinsamen Sendung, in der allen Menschen das Evangelium von Gottes Gnade bezeugt und der ganzen Schöpfung gedient wird. Das Ziel der Suche nach voller Gemeinschaft ist erreicht, wenn alle Kirchen in den anderen die eine, heilige, katholische und apostolische Kirche in ihrer Fülle erkennen können. Diese volle Gemeinschaft wird auf der lokalen wie auf der universalen Ebene in konziliaren Formen des Lebens und Handelns zum Ausdruck kommen. In einer solchen Gemeinschaft sind die Kirchen in allen Bereichen ihres Lebens auf allen Ebenen miteinander verbunden im Bekennen des einen Glaubens und im Zusammenwirken in Gottesdienst und Zeugnis, Beratung und Handeln.«[205]

*Unterwegs zur Fülle Jesu Christi*

Eine »evangelische Katholizität«, in der evangelischer und katholischer Pol uneingeschränkt zur Geltung kommen, ist eine Zielvorstellung. Tatsächlich bleiben alle Positionen, Konfessionen und Denominationen dahinter zurück. Das hängt zusammen mit der Begrenztheit jeder menschlichen Perspektive. Es hat auch zu tun mit mangelndem Gehorsam gegenüber dem Wort Gottes.

Wie die einzelnen Christen haben auch die Kirchen ihre Schwachpunkte und Einseitigkeiten. Jede Kirche ist in der einen oder anderen Hinsicht defizitär, mit Mängeln behaftet, und bedarf der Korrektur durch die anderen Kirchen. Sofern sich die Kirchen in geschwisterlicher Liebe befragen und anregen, können sie sich zu einem angemesseneren Begreifen der gemeinsam geglaubten Wahrheit helfen, statt sich gegenseitig das Wasser abzugraben.

Die »Fülle der Wahrheit« (vgl. dazu Johannes 1,16; Epheser 3,17–19; Kolosser 1,19; 2,9) ist in Jesus Christus zu finden. Er ist das Fundament aller christlichen Glaubensgemeinschaften. Zu ihm sind sie erst noch unterwegs. Die Kirchen haben gemeinsam auf dem Weg zu bleiben, um seine Wahrheit tiefer zu erfassen, glaubwürdiger zu leben und mutiger zu bezeugen.

# Stammbaum der Konfessionsfamilien

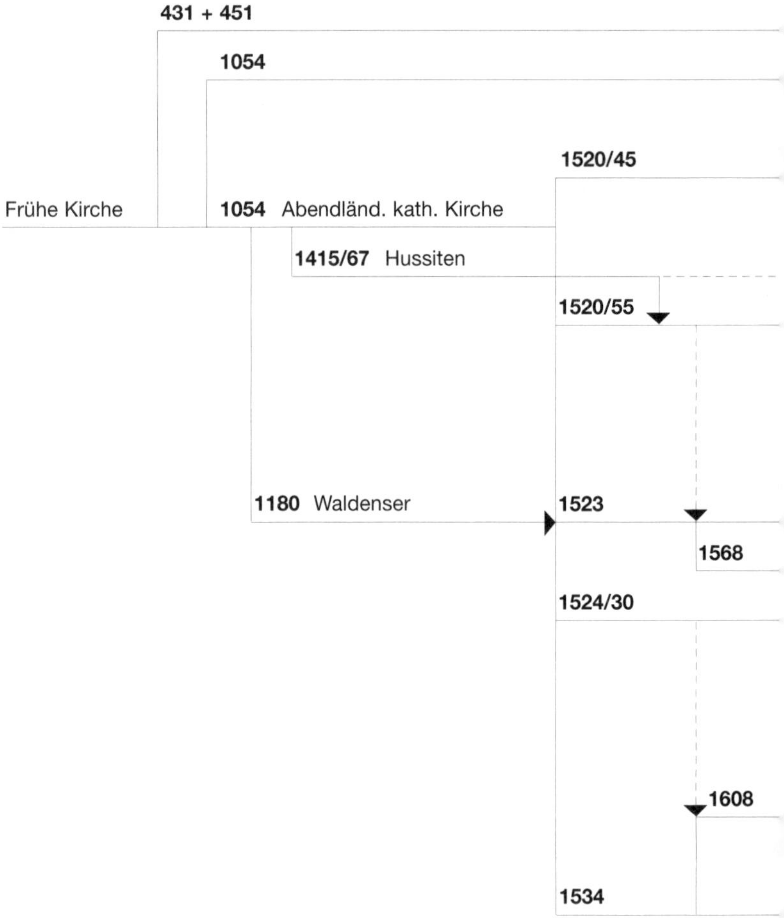

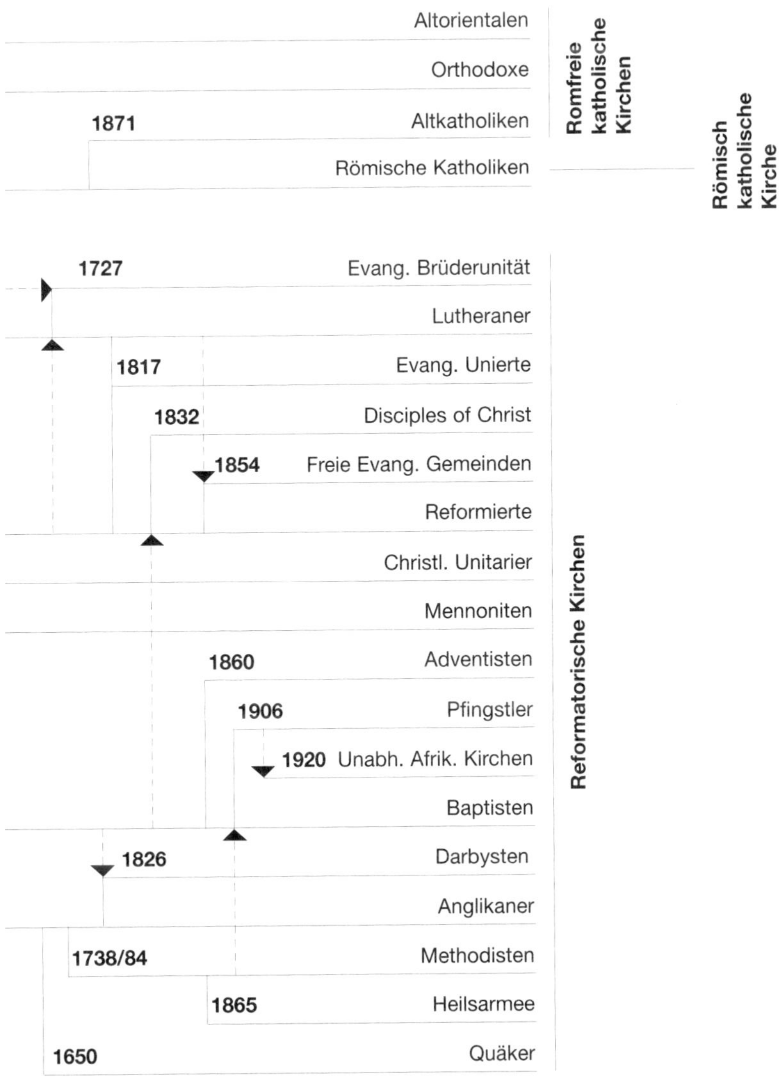
Altorientalen
Orthodoxe
1871
Altkatholiken
Römische Katholiken
Romfreie katholische Kirchen
Römisch katholische Kirche
1727
Evang. Brüderunität
Lutheraner
1817
Evang. Unierte
1832
Disciples of Christ
1854
Freie Evang. Gemeinden
Reformierte
Christl. Unitarier
Mennoniten
1860
Adventisten
1906
Pfingstler
1920
Unabh. Afrik. Kirchen
Baptisten
1826
Darbysten
Anglikaner
1738/84
Methodisten
1865
Heilsarmee
1650
Quäker
Reformatorische Kirchen

# Häufig gebrauchte Abkürzungen

| | |
|---|---|
| EKL | Evangelisches Kirchenlexikon, 3. Auflage, Göttingen (1986–1996) |
| ELTG | Evangelisches Lexikon für Theologie und Gemeinde, Wuppertal und Zürich (1992–1994) |
| MD | Materialdienst des Konfessionskundlichen Instituts Bensheim |
| RGG | Religion in Geschichte und Gegenwart, 3. Auflage, Tübingen (1957–1962) |
| TRT | Taschenlexikon Religion und Theologie, 4. Auflage, Göttingen 1983 |

# Anmerkungen

1 Vgl. etwa Philipper 1,15–18.

2 Oscar Cullmann, Einheit durch Vielfalt. Grundlegung und Beitrag zur Diskussion über die Möglichkeiten ihrer Verwirklichung, Tübingen 1986, 49.

3 Vgl. Oscar Cullmann (s. Anm. 2), 43–45.

4 Der Begriff »radikal« schließt sich hier an die Kennzeichnung der innerkirchlichen Pantheisten bzw. Monisten in Bremen um 1900 an. Vgl. Arthur Titius, Der Bremer Radikalismus. Sammlung gemeinverständlicher Vorträge 54, Tübingen 1908.

5 Lautet die Alternative orthodox oder häretisch, so ist es nicht angemessen, orthodox und liberal als Gegensätze anzusehen. Ultra-konservativ, gemäßigt konservativ, liberal und radikal sind Grundhaltungen (Grundpositionen), die sich den Glaubensgehalt unterschiedlich aneignen. Mit den Qualifikationen »orthodox« und »häretisch« wird beurteilt, ob bei solcher Aneignung der christliche Glaubensgehalt wirklich festgehalten wird. Die ultra-konservativen und radikalen Extreme führen häufig zur Häresie, oder wenigstens zur Heterodoxie (Eigenwilligkeit).

6 Vgl. Was gilt in der Kirche? Die Verantwortung für Verkündigung und verbindliche Lehre in der Evangelischen Kirche. Ein Votum des Theologischen Ausschusses der Arnoldshainer Konferenz, Neukirchen-Vluyn 1985, 44–46.

7 Heterodoxie heißt wörtlich: andere Lehre, andere Meinung. – Der Begriff findet sich bei Friedrich Schleiermacher, z. B.: Der christliche Glaube nach den Grundsätzen der evangelischen Kirche im Zusammenhange dargestellt, 2. Ausgabe 1830/31, Zusatz zu § 25.

8 »Die Orthodoxie braucht die Heterodoxie und tut schlecht daran, sie als Häresie abzustempeln. Die Heterodoxie muß geradezu als funktionaler Teil der Orthodoxie bezeichnet werden, will diese nicht in traditionalistische, positivistische und damit rationalistische Pragmatik absinken.« So Stephan Pfürtner, in: Joachim Lell/Ferdinand W. Menne (Hg.), Religiöse Gruppen, Düsseldorf und Göttingen 1976, 88. Zitiert bei: Ulrich Kühn, Kirche, Handbuch Systematischer Theologie Band 10, Gütersloh 1980, 210.

9 Zum Ökumenischen Rat der Kirchen, seiner Geschichte und seiner Theologie: Konrad Raiser, Ökumene im Übergang. Paradigmenwechsel in der ökumenischen Bewegung, München 1989; Reinhard Frieling, Der Weg des ökumenischen Gedankens. Eine Ökumenekunde, Kleine Vandenhoeck-Reihe 1564, Göttingen 1992; Dietrich Ritschl/Werner Ustorf, Ökumenische Theologie/Missionswissenschaft, Stuttgart 1994.

10 Hanfried Krüger, Ökumenischer Katechismus. Eine kurze Einführung in Wesen, Werden und Wirken der Ökumene, Frankfurt am Main, 8. Auflage 1985, 61.

11 Vgl. »Augsburgische Konfessionsverwandte Theologen«, Konkordienformel Epitome 7. In: Die Bekenntnisschriften der evangelisch-lutherischen Kirche, 4. Auflage, Göttingen 1959, 796.

12 Zum Ausdruck »Konfessionsfamilie« oder »Bekenntnisfamilie« vgl. Harding Meyer, Artikel »Weltweite christliche Gemeinschaften«, in: Hanfried Krüger u. a. (Hg.), Ökumene-Lexikon, Frankfurt 1983, 1260–1266. – Im Jahr 1967 haben Vertreter der sich »weltweite christliche Gemeinschaften« nennenden konfessionellen Weltbünde diese folgendermaßen beschrieben: »Jede Bekenntnisfamilie besteht aus Kirchen, die derselben Tradition angehören und die durch ein gemeinsames Erbe zusammengehalten werden; sie sind sich bewußt, in derselben universalen Gemeinschaft zu leben, und geben diesem Bewußtsein in irgendeiner Form sichtbaren strukturellen Ausdruck.« Zitiert a.a.O., 1261.

13 Das zeigt sich etwa im römisch-katholischen »Weltkatechismus« von 1993. Deutsche Übersetzung: Katechismus der Katholischen Kirche, München und Wien 1993.

14 Dazu Antje A.Brunßen, Das Schisma. Zum Bruch Lefebvres mit Rom, MD 4/88, 76–77.

15 Nicht alle Glaubensgemeinschaften schätzen für sich selbst die Bezeichnung »Konfession«. Die römisch-katholische Kirche sieht sich damit zu sehr auf eine Stufe mit den anderen Kirchen gestellt. Sie ist der Meinung, sie wahre das umfassende christliche Bekenntnis, während die reformatorischen Kirchen ihre begrenzten Sondertraditionen und Sonderbekenntnisse hätten. Doch hat sich die römisch-katholische Kirche durch das Konzil zu Trient 1545–1563, an dem die Repräsentanten der evangelischen Gemeinden nicht teilnehmen konnten, als eigene Teilkirche im Unterschied zu den reformatorischen Teilkirchen profiliert. Durch ihr Glaubensbekenntnis von 1564, die »Professio Fidei Tridentina«, hat sie ähnlich wie die reformatorischen Kirchen ein verbindliches Sonderbekenntnis formuliert.
Manche protestantischen Gemeinschaften wie die Baptisten würden die Bezeichnung »Konfession« deshalb nicht auf sich anwenden, weil sie sich ganz auf die Heilige Schrift beziehen wollen und keine Bekenntnisse etwa im Stil der evangelisch-lutherischen Bekenntnisschriften kennen. Alle selbständigen Kirchen haben aber, unabhängig von der Frage des jeweiligen Verbindlichkeitsgrades, Grundsatzerklärungen, in denen sie festhalten, was ihnen besonders wichtig ist, auch im Unterschied zu den anderen Kirchen. Insofern läßt sich in einem weiteren, etwas unscharfen Sinn durchweg von Konfession oder Bekenntnisgemeinschaft reden.

16 Skizze nach Reinhard Frieling, aus: Peter Fiedler u. a. (Hg.), Studientexte Funkkolleg Religion, Weinheim u. a. 1985, 244.

17 Die Unterscheidung von »Formalprinzip« und »Materialprinzip« geht zurück auf Friedrich Schleiermachers Schüler August Twesten (1789–1876). Vgl. RGG Band 5, 1961, 648; Otto Weber, Grundlagen der Dogmatik Band 1, Neukirchen 1959, 158; Paul Tillich, Gesammelte Werke Band 7, Stuttgart 1962, 14; Paul Tillich, Gesammelte Werke Band 8, Stuttgart 1970, 85.

18 Dritter Kanon des Zweiten Ökumenischen Konzils von Konstantinopel 381: »Deshalb soll der Bischof von Konstantinopel den Ehrenprimat nach dem Bischof von Rom haben, denn diese Stadt ist ja das neue Rom.« – 28. Kanon des Vierten Ökumenischen Konzils von Chalcedon 451: »Zu Recht haben die Väter dem Sitz des alten Roms den Primat zuerkannt, denn dies war die Kaiserstadt; bewegt von dem gleichen Grunde haben die 150 von Gott geliebten Bischöfe den gleichen Primat auch dem

sehr heiligen Sitz des neuen Rom zuerkannt.« – Beides zitiert aus: Nikolaus Thon, Quellenbuch zur Geschichte der Orthodoxen Kirche, Trier 1983, 187.

19 Irenäus von Lyon, Wider die Häresien 3,3: »Wir sind in der Lage, die von den Aposteln in den einzelnen Kirchen eingesetzten Bischöfe wie auch ihre Nachfolger bis zum heutigen Tag aufzuzählen.«

20 Dokumentiert in: MD 5/91, 97.

21 Reinhard Thöle, Ökumenisches Patriarchat und Orientalische Kirchen, MD 2/94, 31; Athanasios Basdekis, in: Hg. Udo Hahn/Carsten Peter Thiede/Athanasios Basdekis/ Martin Lohmann, Ökumene wohin? Die Kirchen auf dem Weg ins dritte Jahrtausend, Paderborn 1996, 117.

22 VDOS e.V. (Hg.), Orthodoxer Schülerkatechismus, 3. Auflage, Stuttgart 1984 (= Archimandrit Johannes Peterfalvy, Orthodoxe Katechese, München 1975), 43.

23 Orthodoxe Kirche in Deutschland (Hg.), Handbuch für orthodoxe Christen, 5. Auflage, Stuttgart o. J., 51.

24 Vgl. Vasil Istravidis, Artikel »Orthodoxe Kirchen«, in: Ökumene-Lexikon (s. Anm. 12), 905; Carl Andresen / Georg Denzler, dtv-Wörterbuch der Kirchengeschichte, München 1982, 130.

25 Handbuch für orthodoxe Christen (s. Anm. 23), 51.

26 Vgl. Handbuch für orthodoxe Christen (s. Anm. 23), 180f; Orthodoxer Schülerkatechismus (s. Anm. 22), 65–67.

27 Orthodoxer Schülerkatechismus (s. Anm. 22), 119–120.

28 Vgl. Das heilige Rußland. 1000 Jahre russisch-orthodoxe Kirche, Freiburg 1987, 15–16.

29 Paul Evdokimov, Das Gebet der Ostkirche, Graz 1986, 10.

30 Serbische Orthodoxe Diözese für Westeuropa (Hg.), Die Göttliche Liturgie des heiligen Vaters Johannes Chrysostomus, Himmelsthür 1984, 96–97.

31 Orthodoxer Schülerkatechismus (s. Anm. 22), 12.

32 Georg Galitis / Georg Mantzaridis / Paul Wiertz, Glauben aus dem Herzen. Eine Einführung in die Orthodoxie, München 1987, 49.

33 Vgl. Glauben aus dem Herzen (s. Anm. 32), 113–114, 145.

34 Die Göttliche Liturgie (s. Anm. 30), 94.

35 Dimitriu Staniloae, Orthodoxe Dogmatik, Einsiedeln und Köln 1981, 259: »Die Erlösung und Vergöttlichung als das Werk, durch das die Glaubenden zur innigen Gemeinschaft mit Gott emporgehoben werden, ist nichts anderes als die Ausweitung der herzlichen Beziehungen zwischen den göttlichen Personen auf die bewußten Geschöpfe. Die Trinität offenbart sich wesentlich als Erlösungswerk, und daher ist sie auch Grundlage des Heils.«

36 Vgl. Peter Eicher (Hg.), Neues Handbuch theologischer Grundbegriffe Band 3, München 1985, 310; Bengt Hägglund, Geschichte der Theologie. Ein Abriß, Berlin 1983, 61.

37 Dimitriu Staniloae (s. Anm. 35), 293.

38 Die Göttliche Liturgie (s. Anm. 30), 74.

39 Zum Panorthodoxen Konzil: Athanasios Basdekis, in: Udo Hahn u. a. (Hg.) (s. Anm. 21), 118–121.

40 Glauben aus dem Herzen (s. Anm. 32), 226–227.

41 Anastasios Kallis, Orthodoxie. Was ist das?, Mainz 1979, 86.

42 Dazu Anastasios Kallis (s. Anm. 41), 57–61.

43 Die Schätzung der Mitgliederzahlen hier und im ganzen Buch muß unpräzise bleiben, da in manchen Ländern keine genaue Religionsstatistik geführt wird und manche Denominationen nur Erwachsene oder Vollmitglieder zählen. Herangezogen wurden u. a.: Hanfried Krüger u. a. (Hg.), Ökumene-Lexikon (s. Anm.12); Reinhard Frieling (s. Anm. 16), 243–257; Nikolaus Thon (s. Anm. 18), 569; Hans-Georg Link (Hg.), Mit Gottes Volk auf Erden. Ökumenischer Fürbittkalender, Frankfurt am Main 1989; Sigrid und Karl-Wolfgang Tröger (Hg.), Kirchenlexikon. Christliche Kirchen, Freikirchen und Gemeinschaften im Überblick, Berlin 1990; TRT Band 1–5 (1983); EKL Band 1–4 (1986–1996); ELTG Band 1–3 (1992–1994); Statistiken aus den christlichen Presseagenturen.

44 Kirchenlexikon (s. Anm. 43), 138–139, 141, 148–160.

45 Vgl. Paulos Gregorios, Artikel »Nestorianer«, in: Ökumene-Lexikon (s. Anm. 12), 853–855.

46 Reinhard Thöle, Lehrkonsens erreicht, MD 2/95, 35–36.

47 Diese Artikel sind zitiert in: Friedrich Heyer, Konfessionskunde, Berlin 1977, 563–564.

48 Das Bonner Abkommen vom 2. Juli 1931 ist im Wortlaut abgedruckt in: Urs Küry (Hg.), Die Altkatholische Kirche, Stuttgart 1966, 446–447.

49 Zitiert bei: Werner Löser, Artikel »Paul VI.«, Ökumene-Lexikon (s. Anm. 12), 937.

50 Zur Kurie: Andreas Rössler, Artikel »Kurie, römische«, ELTG Band 2, 1993, 1200–1201.

51 Schreiben der Glaubenskongregation »an die Bischöfe der katholischen Kirche über einige Aspekte der Kirche als Communio« vom 28.Mai 1992. Auszugsweise dokumentiert in: MD 4/92, 76. Ferner Jörg Haustein, Vatikanische Präzisierungen. Zum umstrittenen Schreiben der Glaubenskongregation über die »Kirche als Communio«, MD 2/94, 28–29.

52 Zum römisch-katholischen Ökumenismus vgl. die Enzyklika »Ut unum sint« vom 25.Mai 1995. Auszüge in: MD 5/95, 97–98.

53 Vgl. Karl Rahner und Herbert Vorgrimler (Hg.), Kleines Konzilskompendium. Alle Konstitutionen, Dekrete und Erklärungen des Zweiten Vaticanums in der bischöflich beauftragten Übersetzung, Herder-Bücherei 270–273, Freiburg 1966, 462–463 (Gaudium et spes Nr. 16); 673–674 (Dignitatis humanae Nr. 14).

54 Deutschsprachige Bischofskonferenzen (Hg.), Codex Iuris Canonici / Codex des kanonischen Rechtes, Lateinisch-deutsche Ausgabe, Kevelaer 1983.

55 Zweites Vaticanum (s. Anm. 53), 134 (Lumen gentium Nr. 10).

56 Auch die Beschränkung des Priesteramtes auf Männer schien bislang keine Frage göttlichen Rechts zu sein: »Daß der katholischen Kirche aufgrund des Beispiels Jesu wie aufgrund der gesamten kirchlichen Tradition die Zulassung der Frau vom priesterlichen Amt nicht möglich erscheint, ist keine letztverbindliche dogmatische Entscheidung.« So in: Deutsche Bischofskonferenz (Hg.), Katholischer Erwachsenen-Katechismus. Das Glaubensbekenntnis der Kirche, Kevelaer u. a. 1985, 300.– Doch

ist hier eine Änderung genauso wie in der orthodoxen Kirche ganz unwahrscheinlich. Zudem hat sich die Glaubenskongregation inzwischen verbindlich geäußert (s. dazu Anm. 57)

57 Verlautbarung der römischen Glaubenskongregation vom 18. November 1995. Dokumentiert in: MD 1/96, 16.

58 Vgl. CIC 1983 (s. Anm. 54), can. 375.

59 Vgl. CIC 1983 (s. Anm. 54), can. 129.

60 Zu den päpstlichen Verlautbarungen: Heiner Grote, Was verlautbart Rom wie? Eine Dokumentenkunde für die Praxis, Bensheimer Hefte 76, Göttingen 1995.

61 Zweites Vaticanum (s. Anm. 53), 265 (Christus Dominus Nr. 15). Ähnlich Lumen gentium Nr. 28.

62 Josef Neuner und Heinrich Roos (Hg.), Der Glaube der Kirche in den Urkunden der Lehrverkündigung, 9. Auflage, Regensburg 1971, Nr. 448; Nr. 454.

63 Vgl. Hermann Josef Pottmeyer, Artikel »Papsttum«, Ökumene-Lexikon (s. Anm. 12), 927–928.

64 Friedrich Schleiermacher (s. Anm. 7), Leitsatz zu § 24.

65 Zur »Sonntagspflicht« vgl. Gotteslob. Katholisches Gebet- und Gesangbuch, Ausgabe des Bistums Rottenburg, Ostfildern 1, 1975, Nr. 67,2.

66 Cyprian, Über die Einheit der katholischen Kirche, Nr. 6.

67 Zitiert in: Heiko A. Oberman u. a. (Hg.), Kirchen- und Theologiegeschichte in Quellen. Band 1, Alte Kirche, Neukirchen-Vluyn 1977, 203.

68 »Fides implicita« = unentfalteter, mit einbezogener, implizierter Glaube.

69 Neuner-Roos (s. Anm. 62), Nr. 804.

70 Neuner-Roos (s. Anm. 62), Nr. 88.

71 Vgl. Neuner-Roos (s. Anm. 62), Nr. 93; Zweites Vaticanum (s. Anm. 53), 372–373 (Dei Verbum Nr. 10).

72 Vgl. Zweites Vaticanum (s. Anm. 53), 136–137 (Lumen gentium Nr. 12).

73 Zweites Vaticanum (s. Anm. 53), 141 (Lumen gentium Nr. 15), 173 (Lumen gentium Nr. 41).

74 Ausschnitte zitiert in: Quellen zur Konfessionskunde, Reihe A (Römisch-katholische Quellen) Heft 5. Die katholische Lehre von der Kirche, Lüneburg 1955, 344–348.

75 Vgl. Zweites Vaticanum (s. Anm. 53), 130 (Lumen gentium Nr. 8).

76 Zweites Vaticanum (s. Anm. 53), 187 (Lumen gentium Nr. 53).

77 Zweites Vaticanum (s. Anm. 53), 196 (Lumen gentium Nr. 68).

78 Vgl. Zweites Vaticanum (s. Anm. 53), 130.131 (Lumen gentium Nr. 8). Jetzt auch im neuen Ökumenischen Direktorium, dem »Direktorium zur Ausführung der Prinzipien und Normen über den Ökumenismus« des Päpstlichen Rates zur Förderung der Einheit der Christen vom 25.März 1993. In Auszügen dokumentiert in: MD 4/93, 78–79.

79 Zum Thema »Fülle und Defizite«: Andreas Rössler, Die Fülle und die Fragmente. Protestantische Gesichtspunkte zum Ökumene-Modell des Ökumenismusdekrets, MD 3/90, 51–55.

80 Zweites Vaticanum (s. Anm. 53), 248 (Lumen gentium Nr. 22); vgl. 246–250 (Unitatis redintegratio Nr. 19–24).

81 Zweites Vaticanum (s. Anm. 53), 233 (Unitatis redintegratio Nr. 3).
82 Vgl. Zweites Vaticanum (s. Anm. 53), 123 (Lumen gentium Nr. 1).
83 Zweites Vaticanum (s. Anm. 53), 135 (Lumen gentium Nr. 11).
84 Zweites Vaticanum (s. Anm. 53), 154 (Lumen gentium Nr. 26).
85 Vgl. Kirchengemeinschaft in Wort und Sakrament. Bilaterale Arbeitsgruppe der Deutschen Bischofskonferenz und der Kirchenleitung der VELKD, Paderborn und Hannover 1984, 42.
86 Walter Schöpsdau, Konfessionsverschiedene Ehe. Ein Handbuch, Bensheimer Hefte 61, 3., völlig neu bearbeitete Auflage, Göttingen 1995.
87 Dazu Kirchenlexikon (s. Anm. 43), 229–233; Eugen Hämmerle, Mit Rom unierte Kirchen, MD 1/88, 8–11; Reinhard Thöle, Stolperstein Uniatismus?, MD 5/92, 95–98.
88 Friedrich Heyer (s. Anm. 47), 360.
89 Dazu Michael Kohlbacher, Neues Recht für die katholischen Ostkirchen, MD 6/91, 114–116; Heiner Grote (s. Anm. 60), 118–119.
90 Vgl. Hans-Dieter Döpmann, Artikel »Unierte Kirchen des Ostens«, TRT Band 5, 224–226.
91 Die Unterscheidung von »apostolischer Tradition« und »bischöflicher Sukzession« findet sich im Amts-Dokument des »Lima-Textes«: Taufe, Eucharistie und Amt. Konvergenzerklärungen der Kommission für Glauben und Kirchenverfassung des Ökumenischen Rates der Kirchen, Frankfurt und Paderborn 1982, 42–48.
92 WA 49, 588. – Zitiert bei: William Nagel, Geschichte des christlichen Gottesdienstes, Berlin 1962, 107.
93 Schmalkaldische Artikel, Teil III, Artikel 4. – Zitiert aus: Unser Glaube. Die Bekenntnisschriften der evangelisch-lutherischen Kirche. Ausgabe für die Gemeinde (Hg. Lutherisches Kirchenamt, bearbeitet von Horst Georg Pöhlmann), GTB 1289, Gütersloh 1986, 485.
94 Willem A. Visser't Hooft, Lehrer und Lehramt der Kirche, Frankfurt 1986, 117.
95 Unser Glaube (s. Anm. 93), 775 (Epitome).
96 Zweites Vaticanum (s. Anm. 53), 373 (Dei Verbum Nr. 10).
97 Vgl. Unser Glaube (s. Anm. 93), 777 (Epitome).
98 WA 18, 606–609; deutsche Übersetzung: Kurt Aland (Hg.), Luther Deutsch Band 3, Stuttgart und Göttingen 1961, 3. Auflage, 160–164.
99 Karl Barth, Kirchliche Dogmatik 1/1, Zürich 1955, 7. Auflage, § 4.
100 Herbert Braun, Die Unentbehrlichkeit christlicher Tradition, in: Walter Jens (Hg.), Warum ich Christ bin, jetzt dtv 1743, München 1982, 81.
101 Unser Glaube (s. Anm. 93), 62.
102 Harding Meyer und Günther Gaßmann (Hg.), Rechtfertigung im ökumenischen Dialog. Dokumente und Einführung, Ökumenische Perspektiven 12, Frankfurt am Main 1987; Gemeinsame römisch-katholische/evangelisch-lutherische Kommission (Hg.), Kirche und Rechtfertigung. Das Verständnis der Kirche im Licht der Rechtfertigungslehre, Paderborn und Frankfurt am Main 1994.
103 Zitiert aus: Heinrich Fausel, D. Martin Luther. Der Reformator im Kampf um Evangelium und Kirche. Sein Werden und Wirken im Spiegel eigener Zeugnisse, Stuttgart 1955, 169.

104 Albert Schweitzer, Geschichte der Leben-Jesu-Forschung, Vorrede zur 6. Auflage 1950, Tübingen 1951, XVIII: »Zum Wesen des Protestantismus gehört, daß er eine Kirche ist, die nicht kirchgläubig sondern christgläubig ist. Dadurch ist ihm verliehen und aufgegeben, durchaus wahrhaftig zu sein. Hört er auf, unerschrokkenes Wahrheitsbedürfnis zu besitzen, ist er nur noch ein Schatten seiner selbst und damit untauglich der christlichen Religion und der Welt das zu geben, wozu er berufen ist.«

105 Ernst Wolf, in: RGG Band 5, 1961, 649.

106 Vgl. Ludwig Rott, Artikel »Internationaler Rat Christlicher Kirchen«, EKL Band 2, 1989, 704–705; Erich Geldbach, Artikel »Internationaler Rat Christlicher Kirchen«, ELTG Band 2, 1993, 961.

107 Unser Glaube (s. Anm. 93), 64–65.

108 Die Formel »in, mit und unter« findet sich in der Konkordienformel, Solida Declaratio VII, 35–38, in: BSLK (s. Anm. 11), 983–984.

109 Unser Glaube (s. Anm. 93), 110 (Augsburger Bekenntnis Artikel 28).

110 Jean Calvin, Christliche Unterweisung. Der Genfer Katechismus von 1537, GTB 291, Gütersloh 1970, 7.

111 Vgl. Otto Weber, Grundlagen der Dogmatik Band 2, Neukirchen 1962, 149, 153; Andreas Rössler, Steht Gottes Himmel allen offen? Zum Symbol des kosmischen Christus, Stuttgart 1990, 48–50.

112 Vgl. Hans Steubing (Hg.), Bekenntnisse der Kirche. Bekenntnistexte aus 20 Jahrhunderten, 2. Auflage, Wuppertal 1977, 238.

113 Die Fassung von 1920. Zitiert aus: Hans Heinrich Harms (Hg.), Die Kirche von England und die Anglikanische Kirchengemeinschaft. Die Kirchen der Welt Band IV, Stuttgart 1966, 223–224.

114 Henry Chadwick, in: Friedrich Heyer (s. Anm. 47), 590.

115 Abgedruckt in: Heiko A. Oberman u. a. (Hg.), Kirchen- und Theologiegeschichte in Quellen. Band 3. Die Kirche im Zeitalter der Reformation, Neukirchen-Vluyn 1981, 140–143.

116 Bund Evangelisch-Freikirchlicher Gemeinden in Deutschland, Rechenschaft vom Glauben, 1977, 9 (Teil 2, Abschnitt 3).

117 Bekenntnisse der Kirche (s. Anm. 112), 276–280.

118 A.a.O., 277.

119 A.a.O., 278.

120 A.a.O., 280–284.

121 Als ein Glaubensbekenntnis für den ganzen deutschsprachigen Raum wurde 1977 die »Rechenschaft vom Glauben« (s. Anm. 116) empfohlen. Hier wird ein ökumenischer Akzent gesetzt: »Jesus Christus baut seine Gemeinde in den verschiedenen Kirchen und Gemeinschaften. Doch kann es trotz der Verschiedenheiten und trotz Irrtum und Schuld auf allen Seiten nicht der Wille Gottes sein, daß konfessionelle Schranken die sichtbare Gemeinschaft aller Glaubenden und damit ihr glaubwürdiges Zeugnis vor aller Welt verhindern. Deshalb beten wir mit den Christen der ganzen Erde um Erneuerung aller Gemeinden und Kirchen, daß mehr gegenseitige Anerkennung möglich werde und Gott uns zu der Einheit führe, die er will« (11).

122 Günter Balders/Wolfgang Lorenz, in: Horst Trubach (Hg.), Was glauben die andern? 27 Selbstdarstellungen, GTB 795, 4., völlig überarbeitete Auflage, Gütersloh 1993, 34.

123 Zitiert bei: Hans-Martin Moderow und Matthias Sens (Hg.), Orientierung Ökumene. Ein Handbuch, Berlin 1979, 230.

124 Vgl. Martin Schmidt, in: Friedrich Heyer (s. Anm. 47), 705–706; Erwin Fahlbusch, Kirchenkunde der Gegenwart. Theologische Wissenschaft Band 9, Stuttgart 1979, 176.

125 Heinz Renkewitz (Hg.), Die Brüder-Unität. Die Kirchen der Welt Band V, Stuttgart 1967, 249–250.

126 Zitiert aus: Hermann Schuster u. a. (Hg.), Quellenbuch zur Kirchengeschichte I/II, 7. Auflage, Frankfurt 1967, 150.

127 Bekenntnisse der Kirche (s. Anm. 112), 271.

128 Manfred Marquardt, in: TRT Band 3, 268.

129 Horst Reller und Manfred Kießig (Hg.), Handbuch Religiöse Gemeinschaften, 3. Auflage, Gütersloh 1985, 94.

130 Zitiert in: Ökumene-Lexikon (s. Anm. 12), 272.

131 Zitiert in: Orientierung Ökumene (s. Anm. 123), 236.

132 Wilhelm Kiesel, in: Was glauben die andern? (s. Anm. 122), 93–94.

133 Erwin Fahlbusch (s. Anm. 124), 180.

134 Zitiert in: Orientierung Ökumene (s. Anm. 123), 236.

135 Andreas Rössler, Pfingstbewegung. In: Klaus Bannach/Kurt Rommel (Hg.), Religiöse Strömungen unserer Zeit, Stuttgart 1991, 175–179.

136 Wolfgang Meissner, in: Kurt Eberhardt (Hg.), Was glauben die andern? 27 Selbstdarstellungen, GTB 233, Gütersloh 1977, 159–160.

137 Zitiert in: Walter J. Hollenweger (Hg.), Die Pfingstkirchen. Die Kirchen der Welt Band VII, Stuttgart 1971, 314.

138 Zitiert in: Friedrich Heyer (s. Anm. 47), 715.

139 Zitiert in: Walter J. Hollenweger (s. Anm. 137), 64.

140 Vgl. African Independent Churches: In eigener Sache mit eigener Stimme (Teil VI), in: Jahrbuch Mission 1987, Hamburg 1987, 198–203.

141 Zu den Adventisten: Erich Geldbach, Freikirchen – Erbe, Gestalt und Wirkung, Bensheimer Hefte 70, Göttingen 1989, 238–247; Andreas Rössler, Adventisten. In: Klaus Bannach/Kurt Rommel (Hg.) (s. Anm. 135), 153–157; Erich Geldbach, Die Adventisten – eine konfessionskundliche Einordnung, MD 3/92, 48–51.

142 Aus: Faltblatt »Die Siebenten-Tags-Adventisten auf einen Blick«, 1997.

143 Zu den judenchristlichen Gemeinden und den »messianischen Juden«: Arnulf Baumann, Artikel »Judenchristen. Geschichtliche Entwicklung und Judenchristen heute«, EKL Band 2, 1989, 852–854; Otto Betz, ELTG Band 2, 1993, 1008; Lexikon der Sekten, Sondergruppen und Weltanschauungen (s. Anm. 162); Kurt Hutten (s. Anm. 166), 226–238.

144 Andreas Rössler, Artikel »Unitarier« und »Universalisten«, EKL Band 4, 1996, 1047–1051 und 1053–1055.

145 Friedrich Heyer, in: Ökumene-Lexikon (s. Anm. 12), 1205.

146 Zu den Grundüberzeugungen der Tempelgesellschaft: Peter Lange (Hg.), Templerhandbuch. Texte und Informationen zum Verständnis der Tempelgesellschaft, Stuttgart 1992. – Zur Geschichte der Tempelgesellschaft auch: Paul Sauer, Uns rief das Heilige Land. Die Tempelgesellschaft im Wandel der Zeit, Stuttgart 1985.

147 Andreas Rössler, Artikel »Bund für Freies Christentum«, EKL Band 1, 1986, 578.

148 Erich Geldbach, Artikel »Gemeinschaftsbewegung«, in: Ökumene-Lexikon (s. Anm. 12), 440.

149 Vgl. Johannes Hasselhorn, Pietismus in Württemberg, Missionarische Dienste Nr. 120, Stuttgart 1986, 2.

150 Vgl. Hans Karl Henne (Hg.), Handbuch für Kirchengemeinderäte, Stuttgart 1989, 322–332; Hg.Hans Karl Henne, Handbuch für Kirchengemeinderätinnen und Kirchengemeinderäte, Stuttgart 1995, 273–278; Fritz Grünzweig, Hundert Jahre Gnadauer Gemeinschaftsverband, Evangelisches Gemeindeblatt für Württemberg 1988/6, 5; Johannes Hasselhorn (s. Anm. 149).

151 Zitiert bei Fritz Grünzweig (s. Anm. 150).

152 Vgl. Erich Geldbach, Evangelikalismus. Versuch einer historischen Typologie, in: Reinhard Frieling (Hg.), Die Kirchen und ihre Konservativen, Bensheimer Hefte 62, Göttingen 1984, 52–83; Rolf Hille, Artikel »Evangelikal«, ELTG Band 1, 1992, 560–562.

153 Vgl. Erich Geldbach (s. Anm. 152), 72.

154 Vgl. Klaus Bannach, Geistliche Gemeindeerneuerung, Charismatische Erneuerung, in: Klaus Bannach/Kurt Rommel (Hg.) (s. Anm. 135), 163–167, 168–174; Hans Karl Henne (Hg.) (s. Anm. 150), 326–331.

155 Eine Übersicht gibt Peter Meinhold, Außenseiter in den Kirchen. Was wollen die modernen Erneuerungsbewegungen? Ein Bericht über Organisation und Zielsetzung, Herderbücherei 598, Freiburg 1977.

156 Hanfried Krüger, Ökumenischer Katechismus (s. Anm. 10), 39. 65–84.

157 Vgl. Erich Geldbach, in: Ökumene-Lexikon (s. Anm. 12), 235; Andreas Rössler, Artikel »Denomination«, ELTG Band 1, 1992, 416-417.

158 Dazu Hansjörg Hemminger, Was ist eine Sekte?, Reihe »Unterscheidung«, Mainz und Stuttgart 1995.

159 Hansjörg Hemminger (s. Anm. 158), 131.

160 Hansjörg Hemminger (s. Anm. 158), 159.

161 Hansjörg Hemminger (s. Anm. 158), 141.

162 Informationen über die christlichen Sondergemeinschaften etwa in: Hans Gasper/Joachim Müller/Friederike Valentin, Lexikon der Sekten, Sondergruppen und Weltanschauungen, Freiburg 1990, Taschenbuchausgabe Freiburg 1994; Michael Klöcker/Udo Tworuschka, Religion in Deutschland. Kirchen, Glaubensgemeinschaften, Sekten, Geschichte und Staat Band 297, München 1994; Helmut Obst, Außerkirchliche religiöse Protestbewegungen der Neuzeit, Kirchengeschichte in Einzeldarstellungen III/4, Berlin 1990; Kirchenlexikon (s. Anm. 43); Erste Auskunft »Sekten«. Okkultismus, Esoterik, Neue Religiosität, herausgegeben vom Arbeitskreis Neue Jugendreligionen, Leipzig 1994. – Ferner s. Anm. 122; 129; 135; 136; 158; 166.

163 Horst Reller/Manfred Kießig (s. Anm. 129), 6. – Hier aber als Beschreibung der Kategorie »Sekten«, unter denen, anders als in unserer Darstellung, zudem die Siebenten-Tags-Adventisten und die Unitarier aufgelistet sind.

164 Hans Graß, Christliche Glaubenslehre II. Theologische Wissenschaft Band 12/2, Stuttgart 1974, 139.

165 A.a.O.

166 Dazu etwa: Oswald Eggenberger, Die Kirchen, Sondergruppen und religiösen Vereinigungen, 4. Auflage, Zürich 1986; Kurt Hutten, Seher – Grübler – Enthusiasten. Das Buch der traditionellen Sekten und religiösen Sonderbewegungen, Neuausgabe Stuttgart 1982; Horst Reller/Manfred Kießig (s. Anm. 129); Hans-Diether Reimer/Oswald Eggenberger, ... neben den Kirchen. Gemeinschaften, die ihren Glauben auf besondere Weise leben wollen, 9. Auflage, Konstanz 1990.

167 Erste Auskunft »Sekten« (s. Anm. 162), 116.

168 Aus »Wissenschaft und Gesundheit mit Schlüssel zur Heiligen Schrift«, 1975, 468. Zitiert in: Erste Auskunft »Sekten« (s. Anm. 162), 41.

169 Kirchenlexikon (s.Anm. 43), 61.

170 Lexikon der Sekten, Sondergruppen und Weltanschauungen (s. Anm. 162), 162.

171 Zitiert in: Erste Auskunft »Sekten« (s. Anm. 162), 207.

172 Lexikon der Sekten, Sondergruppen und Weltanschauungen (s. Anm. 162), 1180.

173 Dazu Rainer-Friedemann Edel, Art. Katholisch-Apostolische Gemeinde, in: ELTG Band 2, 1993, 1056–1057.

174 Zitiert in: Kirchenlexikon (s. Anm. 43), 145.

175 Zitiert in: Hans Karl Henne (Hg.), Stuttgart 1995 (s. Anm. 150), 340.

176 Michael Heidenreich in: Kurt Eberhardt (Hg.) (s. Anm. 136), 46.

177 Dazu Kurt von Wistinghausen, Das neue Bekenntnis. Wege zum Credo, Stuttgart 1963. Das Bekenntnis wird zum Beispiel auch zitiert bei: Hans-Diether Reimer/Oswald Eggenberger (s. Anm. 166), 353; Joachim Ringleben, Über die Christlichkeit der heutigen Christengemeinschaft, Zeitschrift für Theologie und Kirche 2/1996, 268–269.

178 Michael Klöcker/Udo Tworuschka (s. Anm. 162), 71.

179 Eine Geschichte und eine systematische Darstellung des Symbols des »kosmischen Christus« bei: Andreas Rössler, Stuttgart 1990 (s. Anm. 111).

180 Hubertus Mynarek, Artikel »Christengemeinschaft«, EKL Band 1, 1986, 668.

181 Zitiert in: Horst Reller/Manfred Kießig (s. Anm. 129), 241.

182 Zitiert in: a.a.O.

183 Dazu Johannes Lenz, Die Christengemeinschaft. Eine Einführung, Stuttgart 1989.

184 Kurt von Wistinghausen. Zitiert bei Michael Klöcker/Udo Tworuschka (s. Anm. 162), 73.

185 Kurt von Wistinghausen. Zitiert in: Lexikon der Sekten, Sondergruppen und Weltanschauungen (s. Anm. 162), 147.

186 Joachim Ringleben (s. Anm. 177), 263.

187 Zitiert in: Horst Reller/Manfred Kießig (s. Anm. 129), 242.

188 Halboffizielle Gespräche der Jahre 1991 bis 1993 fanden ihren Niederschlag im »Bericht einer gemeinsamen Arbeitsgruppe« mit der Überschrift »Evangelische

Kirche und Christengemeinschaft«. Dokumentiert in: MD 5/93, 91–94. Dazu Erich Geldbach, in: Walter Schöpsdau u. a., Verständigung der Konfessionen, Kirchliches Jahrbuch für die Evangelische Kirche in Deutschland 1992/93 Lieferung 1, Gütersloh 1995, 53–55. Ferner das Themenheft über Christengemeinschaft, Anthroposophie und Kirche: Materialdienst der EZW (Evangelische Zentralstelle für Weltanschauungsfragen) 9/95.

189 Sehr positiv wird die Christlichkeit der Anthroposophie, und damit indirekt erst recht der Christengemeinschaft, eingeschätzt bei: Andreas Binder, Wie christlich ist die Anthroposophie? Standortbestimmung aus der Sicht eines evangelischen Theologen, Stuttgart, 2. Auflage 1990.

190 Vgl. Oswald Eggenberger (s. Anm. 166), 140–144; Hans-Diether Reimer/Oswald Eggenberger (s. Anm. 166), 279–284; Helmut Obst (s. Anm. 162), 47–53; Michael Klöcker/Udo Tworuschka (s. Anm. 162), 77–79.

191 Kurt Hutten (s. Anm. 166), 135–169; Erste Auskunft Sekten (s. Anm. 162), 209; Lexikon der Sekten, Sondergruppen und Weltanschauungen (s. Anm. 162), 1184–1185.

192 Paul Tillich, Systematische Theologie Band 1, 3. Auflage, Stuttgart 1956, 21.

193 Vgl. Andreas Rössler, Welche Wahrheit braucht der Mensch? Zwischen Beliebigkeit und Unfehlbarkeit, Stuttgart 1997. – Zur Wahrheitsfrage im ökumenischen Zusammenhang vgl. Dietrich Ritschl (s. Anm. 9).

194 Vgl. Friedrich Wilhelm Kantzenbach, Einheitsbestrebungen im Wandel der Kirchengeschichte, Gütersloh 1979, 77, 80 83; Dietrich Ritschl (s. Anm. 9), 55–60. – Ein Versuch, die christlichen Fundamentalartikel allgemeinverständlich zu beschreiben: Andreas Rössler, Glauben auf den Punkt gebracht. 20 Stichwörter, 2. Auflage Stuttgart 1994.

195 Zweites Vaticanum (s. Anm. 53), 240 (Unitatis redintegratio Nr. 11); Dietrich Ritschl (s. Anm. 9), 57–58.

196 KNA-Dokumentation Nr. 16, 1. Juli 1980.

197 Vgl. Andreas Rössler, Konsensformulierungen im deutschen Protestantismus von 1817 bis 1922, in: Gottfried Maron (Hg.), Evangelisch und Ökumenisch. Beiträge zum 100jährigen Bestehen des Evangelischen Bundes, Kirche und Konfession Band 25, Göttingen 1986, 532–545.

198 Vgl. Zweites Vaticanum (s. Anm. 53), 136–137 (Lumen gentium Nr. 12): »Die Gesamtheit der Gläubigen kann im Glauben nicht irren ... Durch jenen Glaubenssinn nämlich, der vom Geist der Wahrheit geweckt und genährt wird, hält das Gottesvolk unter der Leitung des heiligen Lehramtes ... den einmal den Heiligen übergebenen Glauben unverlierbar fest.«

199 A.a.O.

200 So etwa der russische Religionsphilosoph Wladimir Solowjew (1853–1900), vgl. Willem A. Visser't Hooft (s. Anm. 94), 40.

201 Vgl. Reinhard Frieling, Konfession und Ökumene, MD 2/1981, 24–28.

202 Vgl. Dietrich Bonhoeffer, Ethik, 5. Auflage, München 1961, 83.

203 Vgl. Andreas Rössler, Paul Tillichs Programm einer evangelischen Katholizität, Ökumenische Rundschau 4/1986, 415–427.

204 Dieser treffende Begriff war der ökumenische Leitgedanke der 6. Vollversammlung des Lutherischen Weltbundes 1977 in Daressalam. Vgl. Daressalam 1977. Offizieller Bericht der Sechsten Vollversammlung des Lutherischen Weltbundes, epd-Dokumentation Band 18, Frankfurt 1977, 204–206. Zum Thema der »Kirchengemeinschaft« und der ökumenischen Einheitsmodelle: Harding Meyer, Ökumenische Zielvorstellungen, Bensheimer Hefte 78, Göttingen 1996.

205 Walter Müller-Römheld (Hg.), Im Zeichen des Heiligen Geistes. Bericht aus Canberra 1991. Offizieller Bericht der Siebten Vollversammlung des Ökumenischen Rates der Kirchen, Frankfurt am Main 1991, 174.

# Sachregister

# ctb calwer taschenbibliothek

**Josef Griesbeck**
SPIELE OHNE VERLIERER
103 Seiten, 20 Abbildungen
ISBN 3-7668-3406-1
Dieses »alternative Spielbuch« wendet sich an alle, die gerne spielen und in Kinder-, Jugend- und Erwachsenenkreisen mit »Spielen ohne Verlierer« bewußt machen wollen, daß sich unser eben nicht im Siegen und Gewinnen verlieren darf. Die Spiele sind für alle Altersgruppen geeignet.

**Theo Sorg / Peter Stuhlmacher**
DAS WORT VOM KREUZ
118 Seiten
ISBN 3-7668-3405-3
Die Verfasser nähern sich den biblischen Passionstexten von zwei Seiten: Peter Stuhlmachers neu bearbeiteter Essay »Zur Predigt am Karfreitag« bestimmt die theologischen Grundlagen zum Verständnis der Texte und führt zu dem Punkt, wo der Übergang zur Predigt geschehen soll. Theo Sorg nimmt diesen Faden auf; seine Karfreitagspredigten zeigen, wie eine angemessene Verkündigung der Passion Jesu heute aussehen kann.

**Jörg Baur**
WORT IM ZEITENWECHSEL
145 Seiten
ISBN 3-7668-3454-1
Jörg Baur hört das biblische Wort als Zeitgenosse. Seine Predigten greifen auf anschauliche und verständliche Weise mitten in die Geschehnisse und Fragen unserer Gegenwart hinein.

Dabei geht er von den Bibeltexten keinen Schritt ab und läßt sie ohne Abstriche, Harmonisierungen und Verbiegungen ihr eigenes Wort sagen. Gerade so kommen die Dinge unseres Lebens auf den Punkt.

**Dorothea Cunradi**
GRÜßE – WÜNSCHE – SEGENSWORTE
112 Seiten
ISBN 3-7668-3453-3
Zu den besonderen Anlässen des Lebens versammelt dieser Band heitere und ernste Grußworte, vertraute und neu zu entdeckende Sprüche aus der Bibel und Zitate großer Dichter. Die Themen im einzelnen: Geburt / Taufe / Geburtstag / Konfirmation, Erstkommunion und Firmung / Hochzeit / Hochzeitsjubiläum / Jubiläum der Konfirmation, Kommunion und Firmung / Krankheit / Trauer.

# ctb calwer taschenbibliothek

**Markus Hartenstein**
**Ich habe deine Tränen gesehen**
74 Seiten
ISBN 3–7668–3171–2
Wer bei andern oder bei sich selbst mit Krankheit und Leiden konfrontiert wird, fängt zu fragen an, wozu denn das Leben gut ist, wo doch alles im Schatten des Todes endet. Welche Gedanken halten da stand? Welche Worte helfen weiter? Markus Hartenstein hat Texte aus biblisch-christlicher Erfahrungsgeschichte zusammengetragen und mit solchen Fragen verbunden. So bekommt das Trostwort Gottes, das dem kranken König Hiskia gesagt wird: »Ich habe deine Tränen gesehen« (Jesaja 38,5), eine konkrete Gestalt für den Alltag.

**Angela Rinn-Maurer**
**Das gepanzerte Herz**
125 Seiten
ISBN 3–7668–3408–8
Das Buch informiert über Ursachen der koronaren Herzkrankheit. Die Autorin läßt viele Betroffene von ihrem Leben erzählen und weist am Beispiel von Geschichten aus dem Alten und Neuen Testament, die in verblüffender Weise die Lebenssituation vieler Patienten widerspiegeln, auf die befreiende, das »Herz weitende« Kraft der biblischen Botschaft hin.

**Roland Gradwohl**
**Frag den Rabbi noch einmal**
128 Seiten
ISBN 3–7668–3539–4
Roland Gradwohl gibt auf gewohnt profunde Weise Auskunft über viele Fragen zu Leben und Glauben aus jüdischer Sicht. Z. B.: Ist der biblische Schöpfungsbericht veraltet? / Gibt es eine Auferstehung der Toten? / Gebetsriemen im Raumschiff? / Verbietet die Tora jeglichen Gebietsverzicht? / Waren David und Jonathan homosexuell? / Schützt Trunkenheit vor Strafe? Dies sind nur einige von insgesamt 82 spannenden Fragen.

**Markus Hartenstein**
**Ganz nahe bei Dir**
78 Seiten
ISBN 3–7668–3488–6
Die Persönlichkeit des Menschen wächst und verändert sich entlang einer Folge krisenhafter Situationen und sozialer Spannungen. So entsteht ein »Lebenshaus« mit vielen Stockwerken, in dem man hinauf- und hinabsteigen kann, um alten Erfahrungen wiederzubegegnen oder neue zu erproben. Diese Beobachtungen des Psychologen und Anthropologen Erikson (1902–1994) haben überraschende Entsprechungen in den großen Themen der Bibel.